我不是我

改變人生的33種覺醒

史都華 著

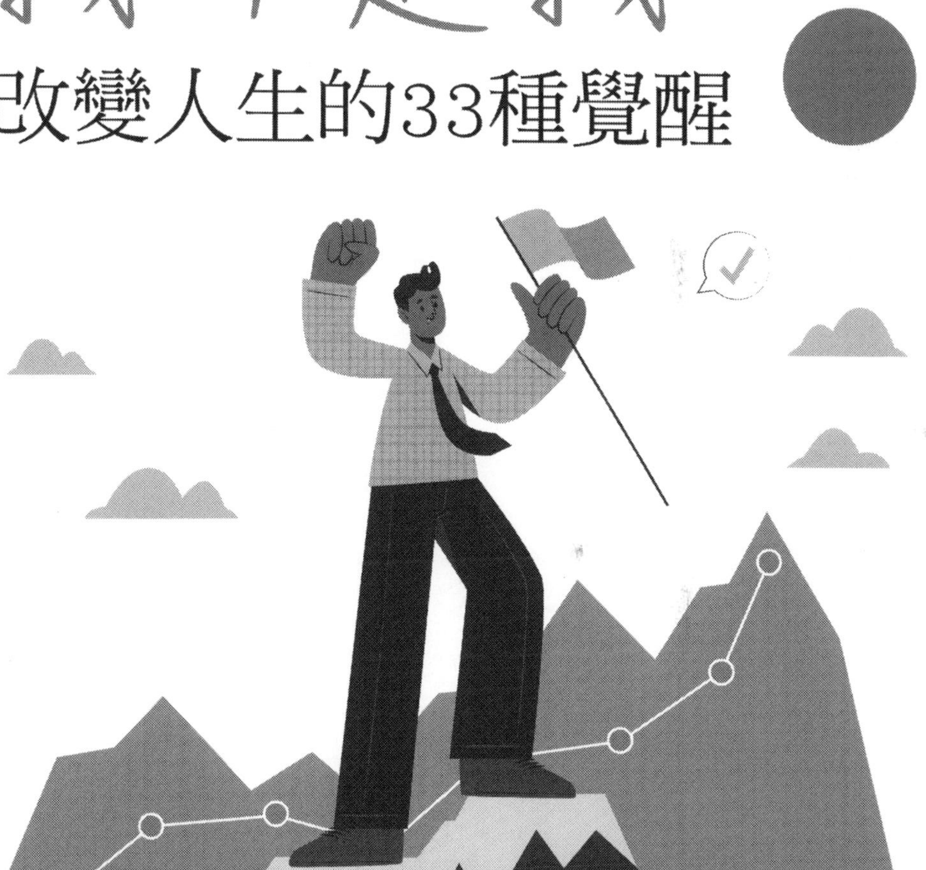

相信自我 就是力量

想法無限，自己就可以無限。

相信自己，就能積極、快樂；

全力發揮潛能，心想就會事成！

想法無限，自己就可以無限。
相信自己，就能積極、快樂；
全力發揮潛能，心想就會事成！

自序

古老的33深刻覺醒

人的「三十三種能量」是一門古老的學問，源自古中國的道家思想。據說這「三十三種能量」從宇宙傳輸到我們這個空間，有點像一條光束建造的高速公路，讓芸芸眾生得以從現世的情緒及思考模式中跳脫，達到另一個更高的意識境地。

當我從導師那兒接觸到這個概念時，覺得這門學問並不容易理解，最好是將它想像成一條由數支繩股交錯纏繞而成的繩索，而這能量便如繩索般，緊緊交纏每個人的三十三股光波。事實上，這些能量存在我們四周，在生命意義的探索歷程中，給予我們啓示和幫助，讓我們能整合所有的能量。一旦這些探索和整合持續養成一段時間，這「三十三種能量」便不再是外在糾結的繩股，而成爲內在的能源。

透過了解這「三十三種能量」，我發現這套學說的「密門訣竅」，並不是什麼偉大的魔法或邪術，而是一種「超越」的能力。一旦你能超脫世俗的情緒及思考模式，並可以拋棄本位主義的自私與無情，擁有內在的無限自我，這些能量才會逐漸降臨。

隨著知覺力的發達，不可思議的事件會經常發生在你四周，但這並不是靈修的重點；試圖擁有更超然精神力量的目的，在於它能使你從情緒的憂慮不安中自我釋放，並教導你的親朋好友獲得自由，這才是我夢寐以求和最適切的美好方式。

數年前，我決定主持一個周末研討會，教授這些使我受益匪淺的「三十三種能量」學，我對我能將這些生澀難懂、曾經風靡一時的學說，轉變成可以幫助人們切實可行的能力，相當具有自信。於是我在華盛頓一家高級酒店預定會場，寄發宣導手冊，期待這一百二十位與會者到訪。

在構思研討會的演講內容時，我將前十個實行步驟逐一寫在小提示卡上，但當我寫到第十一個步驟時，腦筋突然一片空白。那時是清晨七點半，我在旅館的房間裡感到一陣恐慌，因爲研討會預定在九點揭幕。

即使我傾力嘗試，仍然沒辦法從步驟十順利進行到最後，雖然我知道整個歷程爲何。

我就快上台了，卻對這個研討會心生不明究裡的恐懼感。

我對自己說：「笨蛋，放輕鬆點！」距離九點只剩二十分鐘，我卻依舊不得其解。我想，如果這種能量是確實的，它一定會釋義成人類的語言；如果這個能量沒有確實性，那就壓根兒不用試著去數它。

我拿了幾張旅館的信箋，平靜的向守護我們的神明祈禱：「神啊！大哥、大姊們！還有三十三大能量的護法守衛，請快點給我一點提示，否則我眞的糗大了！」

然後，奇蹟出現了！我的思緒不斷翻騰，手底下的文字不停流動：步驟十一、十二、十三……一個個接踵而至，直到步驟三十三。本書便是從十四年前、神賜般的研討會手稿整理而成。

有時，我會發現重新複習我曾熟知的知識是很有用的。以較高的意識重新思考一些簡易的事物，你會發現它們並不如你原先以爲的那麼簡單。你會記起一些你已遺忘的、一些新的、更深入的觀點，來印證並強固你原先已知的部分。

倘若你不曾接觸過我的作品，這些將會是全新的資訊，期望能對你有所幫助。這些資訊曾經幫助過許多人，如果你領悟這套學說並身體力行，它將提升你的能力，讓你有更深刻的覺醒並釋放自己。最後你將通過一道門檻而橫跨兩個世界：世俗的，和另一個更寬廣無垠、與我們所處世界並行不悖的精神世界。

當然，你必須有改變和成長的欲望，這樣的欲念來自「負面」的狀態，比方你對所處環境的現況或人際關係極不滿意，而你極度渴望跳脫現狀、展現新契機。

有時，這樣的契機便出現在我們四周，這在電影工業中，我們稱之爲「急轉直下的劇情安排」；在電影開演的二十分鐘後，一件突發的意外，將劇情引到另一個方向。當你生活現存的能量已變質用罄，內心世界的情緒、感情及不滿的情緒，都將成爲你生命「急轉直下」的轉捩點。

一般來說，當自我本位能夠自滿自足時，它不會考量到性靈、自我修練、信仰模式或其他心靈探索。通常，我們會藉由意外來逃避現實；有時，我們的意外是因自我本位失衡而產生的。所以我們應避免情緒失控。

說穿了，我們都是永恆的，所有正面和負面的事件，都只是從自我本位過渡到靈魂歷程中的小插曲，只是有些人懂得抄小路、走捷徑罷了。

Contents

Contents

Contents

前言　從放棄開始

在我二十八歲那年，我覺得人生乏味、窮極無聊，有些精神及官能上的障礙。一天，我做了一個聰明的抉擇：我放棄一切。我擺脫了愚蠢的勞斯萊斯、所有的設備、狐群狗黨，也把我的全部財產留給父母，只留下一幢位在倫敦高級住宅區的公寓。我思索著要離開、要自由，不想再有什麼麻煩的事情，我要過真誠實在而有意義的生活。

最後，我打了通電話給朋友，請他過來帶走公寓裡那面華美的鏡子。然後，我就這樣關上門，離開現值約四十萬美金的公寓，一去不回，沒有知會電信局或電力公司，也未曾通知銀行如何處理房貸問題。事實上，公寓內有無數的財產，但我已不在乎金錢，不在乎銀行會把所有財產都清算搬空。

我沒有帶走任何東西，也沒碰冰箱裡的食物，甚至留下所有的衣物和家具。我強烈的渴望改變。我拂袖而去，開始我心靈探索的旅程。我告訴自己說：「小史，該是過另一種生活的時候了。」

痛苦，其實是自我懲罰

幸運的，我遇見了一個心靈導師，他教授我道家學說。道家思想的迷人之處，在於它教導人們如何以平常心看待世界，不單是處理世俗社會，乃至親朋好友間的感情問題，它教導我們如何觀察並淡化我們的情緒起伏。這就像你把自己獨立出來，觀察自己的言行舉止，而不是自導自演、獨占整個舞台。當我們學會淡化自己的急迫與不安時，思緒會變得純淨，不再是自我要求下的受害者。

事實上，我們所認為的負面經驗，都只是與個人意見相左的牴觸；情緒上的痛苦，其實都是自我懲罰。一旦你了解這一切都只是自我本位在作祟，你可以很快從傷痛中走出來。

換個寬廣的角度思考一下，難道我們「一定」要舒適、安全、富裕、健康、長壽嗎？這是否都是自我本位的另一種制約？長壽也可能不是件有福氣的事，如果你很長壽，卻一輩子活在行屍走肉的監牢中，生活將是一場失調的混亂，這又有何意義？

如果今天是你活在世上的最後一天，而你截至目前爲止，從未享受過一天眞正的生活，從未允許自己去體驗生命的愉悅、眞實的生活，那該是怎樣的悲哀啊！如果生命只是一連串的痛苦、煩惱、障礙和擔憂，那有何意義？

把自我釋放出來

你不需要像我做得那麼極端，拋屋棄家。但你必須有強烈的渴望，並以行動改變一切。

你必須先發制人，跨出第一步，性靈是不會自己送上門來的，它不會四處遊走的說：「這裡有人要點『領悟』或是『超然』嗎？」它不會在市場叫賣、拉攏生意。它就坐在那兒，被動的等你去找它、得到它，所以你必須採取行動、主動出擊。

請舉起你的雙手，向上伸張，呼喚你心中的力量，不論你有無宗教信仰，請展開雙臂並呼喊：「我極需要改變，我要超越現況，我要尋回內心潛在的力量。」

如果你決定走這條路，請你許下承諾，它會逐漸將你從非必要的負荷中釋放出來。這三十三種能量中，有些可以讓你立即獲得自由，有些則需要較長的時間。當你可以領會在無垠的層面下，這些能量的眞正含意，你將擁有更透徹的目光來看待事物。

如同一顆洋蔥，剝去了第一層皮，底下還有一層，你就這樣逐漸深入核心，並發掘新的觀感，更有意義的去體會人生，渴望進化，希望自己有所不同。

我從小在非洲生長，在嚴格的寄讀學校接受教育，而後擠進頑固苛刻的英國社會。事實上，我並沒有花太多的時間發現，我和周遭制式化的生活是何等格格不入。

我成了一個職業游離分子，我很肯定，總有一天，我會從這個機械式的生活牢籠，以及極度操縱我的世界中逃脫。

也可以與眾不同

當然，地球上存在著數百萬像我一樣不適應社會的「邊緣分子」。邊緣分子並不是一般認爲的流浪漢或嬉皮，更不是處心積慮想炸掉整個社區的無政府主義者。而是有一群人，知道並相信，這世界上除了自我本位、機械式生活、控制、慣例、成規外，還存在著別種生活方式、別種思考方式。

我當然是個邊緣分子，你可能也是。發生在我身上的事，可能也會發生在你身上。當我竭盡所能試著融入這個社會，把自己擠進三件式西裝、英國的階級體系和整個社會結構，穿著整套行頭和高禮帽，奔跑穿梭於皇家跑馬場，看著女王坐著她的小馬車在跑道上漫遊，所有的人衣香鬢影，我會大笑失聲，想著我擠在這一群人之中所爲何來？

如果你是個邊緣分子，而且你的思考模式與世俗格格不入，那就接受自己的不同。爲什麼要內心掙扎？當然，你必須在工作上嚴守規章、符合要求。但在你內心深處，你眞的需要構築一座橋樑，從機械和限制的此岸，開上意識思想的

「三十三」號高速公路，帶領你邁向無限自我的彼岸。一旦你將世界和自己視為能源，一旦你有知覺的欲望，你將自然而然寫下一章完全不同、屬於你自己的演進史。

大多數有更高意識能力、自我追尋的人，都會接受「生命掌握在自己手裡」的觀點；如果你自己不能平衡，一定諸事不順，如果你只有負面想法，就只會得到負面結果。

如果你深深沉浸在普羅大眾的共同思緒中，以別人的信仰為信仰，過著和別人一樣的生活，那你注定要在同儕的演進史中愀然結束，你的命運就是他們的命運。因為如果你不能在思考和行為上，採取一個截然不同的模式，不能以一個另類的知覺感受生命，你的想法其實只是別人的想法，你也只能跟隨別人的腳步，走向可預期的結局。

擁有自我，超越自我

幾乎所有人都想過不同的生活，但如果你用以往的方式思考，做其他人做過的事，用相同的方法做事，擁有相同的情緒和信仰，你也只能隨波逐流。如果你對這種現況並不特別喜歡，該是改變的時候了！

你一定要重新選擇一個完全不同的信仰模式，全新的運作方法。修養、靜默，尊重內在的靈性。你必須以行動爲導向，擁有求新求變的渴望，這才是關鍵所在。希望改進、渴望變化是不夠的，要起而力行，請用心，並牢記，你不是單打獨鬥。

我相信整個地球的演進，終將包含於單一的意識；我們都只是廣大意識中渺小的組成分子。想像全世界的思想總和是一道偌大的光束，你、我和其他所有人，每個人都只是其中的一小點，如果我的有所改變將會幫助到你，而你的改變也會幫助到我。這種意識覺醒將一點一滴傳播到世界各個角落，跨越宗教和慣例，征服人心。

這三十三個步驟的重點，能爲你激發能量、縮短探索的課程。但你不可能在擁有全新能量的同時，仍然停留在原地。

這表示你必須面對不安及恐懼，眞正自我檢省。有時這會有些痛苦，因爲你會看到成堆的「缺點」，你會對自己說：「哦，天啊！我眞恐怖，一個完全的混蛋，我得加入混蛋俱樂部，我眞是混蛋得可悲！」一旦你能眞的面對自己的缺點、愛你自己，便會對著鏡子說：「這是全世界頭號蠢蛋，但我愛他，而我將改變這一切。」

想想看，如果你是如此純潔無瑕，從頭到腳都是個天使，完全的超然、完美，你根本不會在這裡。我們在地球上的演化重點，就是經歷這些渣滓、垃圾、暴力及失調，並接受這一切。

但，你不可以與生命對抗，接受一切束縛和自我本位的負面刺激，明白我們之所以在這兒，就是要超越這一切。

因此，你就是你，擁有你所擁有的一切，相信現在和自我都可以是無限的！

準備

源自內心的力量

道可道，非常道；
名可名，非常名。
無名天地之始，
有名萬物之母。

——《道德經》第一章

第一次看到這段話，我的反應是：這怪老頭在說什麼啊？有一天，我問可敬的心靈導師。

我的導師解釋道，人不能以個人的知識層面，試圖了解道意或無限自我，這些已經超越心智所能理解，唯一能了解它的方法，是藉由高度的覺醒和感覺。他建議我在清晨四點鐘起床，在森林裡靜走一個小時。

看見生命的火焰

於是，我開始這種修行課程，風雨無阻。英國的天氣多變，在漆黑的森林裡靜走，完全不知道自己在作什麼。但說來奇怪，三年來從未間斷的日常修行，我終於領悟了所謂的「道」。

《道德經》的開宗名義說得沒錯：它不可名。「道」不受時空限制、不朽，並且無從定義。它是萬物的本質，印證萬物的演化（道家如此稱之），並爲神賜，萬物所有的至美。

你可以透過觀察自然，親眼目睹生命能量的流動。等待日暮黃昏，讓自己處於一個放鬆的狀態，緊盯著一棵大樹的樹梢，大約一分鐘後，將視線焦點移到右上方的天際，大約樹木的一點鐘方向，然後不轉動你的眼睛，但重新轉移你的注意力回到樹梢，眼睛不動，只動你的焦點。如此，便可以運用你的眼角餘光，看到樹木向四面八方迸射出如火焰般的靈氣。

這練習，在黃昏時分效果特別好，因爲強烈的日光或燈光，會干擾我們觀察這些精妙能量的視覺。

如果你第一次嘗試並未看到樹木的能量，休息一下，稍晚再作嘗試，那可能是因爲你的眼角餘光有待開發，或者你尚未全然放鬆，所以你的腦細胞在觀察的同時運轉太快。你必須處在一個意識冥想的狀態下，才能看得到生命。

一旦你觀察到樹木生命力能量的流動，便能理解上蒼的力量、萬物的存在；逐漸的，你也可以領略「道」、無限的自我。

我不是我

數年間，我的心靈導師透過授課，吸引了二萬五千名學員，隨著每個不同程度的級別，教義和修行也越來越難。大約經過三年後，幾乎所有的學員都已經放棄；接近結業時，則只剩下七十二個人。到最後，只剩下三個人。

導師所要求的修行相當困難，因爲他要求你必須極度自發，所以當我的導師打電話來說：「下星期三晚上七點鐘，在西班牙南方有個聚會，一定要去！」他不會問你能不能負擔旅費？抽不抽得出時間？喜不喜歡這個主意？或者方不方便？問題只在於「要去！」因此，即使你參加聚會時只遲到了一分鐘，你將永遠被列為拒絕往來戶，完全沒有如果、但是、可能，我們是不容許怠惰的。

我記得一場在加州辦的聚會，集合時間是清晨六點，我們一群人從倫敦飛來，其中包括我兩個南非朋友。我們提前一天抵達並住進旅館。

我的夥伴們第二天一大清早就醒了，並決定在集合前去散個小步。他們在六點零三分回到集合地點，卻不得其門而入，即使他們大老遠從倫敦趕來，遲了就是遲了，沒有任何理由、藉口。

我從這些經驗學到的是，心靈成長及追尋更高的知覺並不容易。這就是為什麼絕大多數人做不到的原因。人們想要達到更高的境界，必須丟棄內心的自我本位，因為這通常是自我放縱作祟的主因。

老子《道德經》開宗名義所提到的是：當談論關於無限自我、基督意識、神力、道、佛法，不管你怎麼稱呼，它川流過所有萬物，無所不在，所以它無以為名，無法定義。

只有自我本位需要定義、歧視、量化並測量每件事物，用來製造一個又一個的生活界限或架構，以便能滿足有限的所知、所懂。但天賜的永恆性，存在於植物、動物、人類及天地萬物的生命力中，是沒有疆界、無法定義的。

在道家思想裡，沒有什麼是高、低、長、短。當我們外出旅行時，我們可以說旅途很遙遠，因爲從A到B要花四個小時，但若與發射人造衛星上火星相比，卻一點也不遠；而上火星，若要與到仙女座的銀河系相比，那更是小巫見大巫。

拋棄一切高、低、好、壞的定義，是理解無限自我的第一步。這可能會使自我本位感到氣餒，因爲他喜歡「我的身體」、「我的人」、「我的房子」、「我的汽車」這類的觀點。若以嚴格的物理角度來看，這是事實，但在意識的層面，你的能量遠遠超越「我的身體」、「我的生命」、「我的汽車」這些概念。

當你擴展你的心，突破並放下自我，將視自己爲一個無所不在、永恆不朽的個體，是一個以四海爲家的世界公民，無時空限制、永生不朽。這表示你只是借用現在這個肉體存在；在降臨這世界之前，你已存在；離開世界之後，你依然存在。

我可以是無限的！

無限自我的觀念很美，但卻不能見容於自我本位和個人性格。

首先，你必須說服你的「自我本位、個人性格」，而後透過修行、冥想、敞開心胸、克服恐懼，以更慈悲的心來理解這個世界。你終將領悟無限自我而成爲一種感覺，之後你才能說：「我感到無限、永生和不朽，我感到自己無所不在，卻又不存在，我存在於靈魂的境界。」

面對自我其實並不好受，學著去控制自我本位及訓練心智，而不遭遇反抗，更是困難。然而，這是這個旅程中的最關鍵部分，你需要一段時間才能逐漸提昇你的能量。能量自會找到它的道路，即使有些事或有些人可以啓發或教導你，但最終，唯一能讓你擁有更強大能量的方法，就是自己去創造這個能量。

在物理的原則裡，一個次原子可以向其他次原子借用能量，只要一毫秒，便能轉移到接近分子核附近更快速的軌道。但次原子不能無限期保有借來的能量，因此，不管這一秒鐘借用了什麼能量，下一秒鐘都必須還回去，而次原子也必須回到它原先所在、舒適的能量水準（衰變）。

心靈成長也是同樣的道理，你可以被一首聖歌、一篇動人的文字所啓發，但你只能借用這些靈感。終究，你必須修行，也就是自我訓練，才能累積自己的能量。

我是無限的！

步驟1

我是神

這三十三個步驟中的第一步，叫做「我是神」。

你可能很困惑：「這是哪一個痞子的論點，膽敢說『我是神』？」其實，我眞正的意思是要你接受「神力就在你心中」。

相信自己擁有力量

顯而易見的，如果神力無所不在，那它一定也存在於你的心中，但一般人不是否認神的存在，就是認定神的外在性，在「身外」創造神的形象，運用理性去理解神，將神這個概念投射到自身之外。於是他們會說，這個人是神，那些觀念是神，金錢是神，魅力是神等等。

神力來自內心，將神力內化，並接受它在你體內流動的事實。當你將神視爲外在的力量，你便不能正確使用它的能量。一旦你將神力內化，讓內在之神不再只是學理上模糊的概念，你便可以眞實的感覺到心中神力的存在，這時候，眞正的理解、知覺能力和善美進入你的生命。

「看」出基因密碼

我相信，無限的你擁有更高的生命能量，對未來會發生的事，有一種神秘的洞察力。

古老教義裡所說的「神性」，也有人稱之爲「至高自我」，可以預見未來的命運。

雖不是所有的細節，但的確可以預見你將轉世在哪個家庭，你父母親的優缺點；或看到你是個孤兒，由祖父母養大、從小生長在孤兒院……那個無限自我可以看出你的基因密碼，以及怎樣的身體和容貌特徵。

無限自我能在出生前，預見生命演進的概念，與其他現代宗教的概念相較，顯得更為急進，但不抵觸。它只是強調，人心中的無限自我，可以在人出生前便有知覺。

在你發展領悟力的同時，你會發現人類並不只是一個理智或個性，或是一具軀體而已，事實上它們是一種「感覺」。

如果你訓練自己去觀察樹木，看那似虛無縹緲的生命能量，遲早也能看到這些能量從人的身上散發出來，而後你就可以觀察到他們的感覺在來回振盪。在你觀察的同時，你可以了解許多關於他們的事。

如果一個人可以察覺到人類的感覺，就可以知道他們可能的類型和命運，你心中的無限自我，可以超越時空限制，預見未來的趨勢裡有哪些困難險阻、哪些優勢等等。當然，有沒有預見的能力並不重要，重要的是，我們在這裡，我們無論如何要把這趟歷程過得更精彩、更有力。

相信自己擁有力量

擁有力量的第一要點，便是你必須擁有「我是神」這個觀念。乍見這個觀念有點自我主義，但不是要你打著「我是神」的旗幟，四處說嘴、炫耀，或者吸引別人崇拜你神樣的特質，而是要你靜靜的將這個觀念內化，接受神力如同心靈感覺般存在你的內在。

透過這個簡單的過程，你讓自己接觸到「全知」，進入到自我本位對人生的知覺以外、一個神秘而喜樂的世界。

如果你現在就有個外在的信仰、外在的「神」，那麼把祂帶回「家」吧！讓祂至高無上的能力流進你的心中。即使你尚未能感受到無上的神力存在你心中，至少你可以將它具象化，想像一下它就在那兒。

這主意並未超脫任何信仰，你依然可以是虔誠的基督徒，相信耶穌基督；依然可以是虔誠的佛教徒，相信釋迦牟尼、觀世音菩薩……唯一不同的是，這堅定的信仰力量，是在你體內而不是體外。「神在你之外」的理智概念讓你認爲：「我對自己的命運完全沒有支配的能力。」這表示，你不相信自己可以創造能量並有所不同，你不能主導所有的行動並改變你的命運。

第二個步驟，則是你必須尊重你所處的演變，亦即接受你所處的狀況。不必和現況搏鬥或怨歎，這些都是浪費能量，也是不尊重自己的性靈、自我放縱和懦弱的表現。

接受外界的現況

你想變成靈魂的戰士，首先得同意並接受你所處的現況。當然，你也要記得，幾乎所有的事都是可以改進和改變的。那些你無法改變的事實，大概也不需要去改變它，你所需要的，只是停止煩憂並超脫它。

對自己說：「我心裡有神，祂愛我並尊重我，尊重我所處的現況和自我探索，即使我所處的情況不盡理想，這只是我人生過程的一部分，我可以擺脫並且超越這一切。」

在放下自我本位對事物的看法，轉而以無限的眼光看待生命，你便能夠對苦難的遭遇和人生歷練淡然處之，不再與自己和生命戰鬥，更重要的是，不會再去創造一些負面的能量折磨自己。藉由簡單但勇氣可嘉的「自我接受」，是一種最佳的即時自療。

如果你被負面能量所包圍，與它對抗，並把它視為噩運，不如試著愛這一切。

看看你身邊的人、你的工作、你的現況、家庭、族群、你的家，然後說：「感謝老天賜給我這些導師，它們也許讓我瘋狂、氣憤，但它們使我更堅強，教導我將阻力轉變為助力，藉由這些人，我可以轉化激動、憎恨為釋懷和愛。這些人事物都是我可敬的導師，賜予我這麼多不可思議的經驗！」

打破本位的聲音

如果你想進階到無限能量，你必須遠離更加嚴苛的自我本位。

自我本位是比較自我放縱的，它要求所有的事都得完美無瑕，它要你被認同，它要生活有保障、事事如意，它要你接受的比付出的多……它有一大堆不合理的要求。想獲得自由並激勵無限自我的能力，就必須將教條式的自我本位，變成一條更通暢、開放的管道，否則你一輩子都得困陷在自我的苦悶中。

第一步是，至少處在一個中立的位置，了解事情並沒有好壞之分。你的情況就自我本位來說或許不滿意，但事實上它們不好也不壞。即使情況很糟，根據無限自我的定義，這是你學習過程的一部分，這是你的挑戰，也是你在這裡的部分原因。

「我是神」的觀念告訴我們：「我是永恆的，我已經超越自我本位的定義，超越死亡的界限。」

因此，我們會逐漸超越恐懼。恐懼是自我本位的一種病。所謂負面能量，或者我們所謂的不愉快經驗，都只是自我本位的意見而已。學著接受你目前所處的情境，了解自己是誰、是什麼，自然可提昇一切。

其次，你必須接受，是你在創造生命中最重要的現實和命運。因此，透過外在神力的內在化，你可以了解到內在的神力是可以向外發散的，也就是你可以隨心所欲的駕御心靈的力量，讓你的生命更美好。

你被賦與能力，不在別處，就在你的心中。一旦神力進入你的心中，開始接受內在的無限，你的能力會不斷的增強，否則你只得依賴自我本位世界裡的意識和知覺能力，在浩瀚的生命裡，和其他心智及自我本位相互競爭。

你就是你內在的神力，每天對自己多肯定幾次，「我是內在的神力，我雖不能立刻感覺到它，但我知道我就是。」

步驟2

認知它，認知自己

人與生俱來的認知，來自五感、理智、知識和邏輯，後一部分的認知，則是從生活中不斷的經驗累積得來。在你正常的認知以外，還存在一種較為虛無縹緲的認知——一種超感應力（ESP）。

發現你的超感應力

重新激發、加強、尋求那種超感應力，是一件很重要的事，因為無限自我所使用的語言非常虛無；它所傳達的暗示，並不一定能為意識所察覺，它是一種快速運作、高度潛意識的能量。沒有超感應力的幫助，你可能錯失生命中一個攸關生死的轉捩點，或者你可能因此沒能察覺到，性靈演變中所隱含的解答。

一旦你將神力內在化，接受自己是無限能量的一部分（所謂無限能量，就是萬物存於萬物之中，這就表示你和萬物相連接），想想看，外在的現象出現在你之外，這都是由一個有限觀點所創造出來的想像。

一個超時空的生物看著地球，看著人們的思考模式和感覺，會將地球視爲一個由多種原子、物質、思想和感覺所組成的分子，所有我們的演變都包含在這個分子之中。從外太空看地球，並不會有內在或外在現實的分別，只會有一個現實，所有的事物都是內在的。因此，你是在內部與所有萬物相連結，有形或無形，此地或彼岸，沒有一件事在你之外。

感覺到的自己

數年間，我實驗過多次進入催眠恍惚的狀態。在這樣的狀態中，你可以看到接近死亡的隧道，據說那隧道連接我們的生理世界和靈魂世界。在不同機會觀察隧道多次之後，我學到的一件事是，我所見到的靈魂世界，其實是生理世界的倒影，亦即我們的左是他們的右，他們的右是我們的左。

但我同時也看到靈魂世界存在一個循環之中，那已經超越了我們的三度空間，或是四度空間，或者比較接近一個多度生理的世界。於是我明白，我們的現實空間，在與靈魂世界相互比較之後，事實上是一個存於內的外在世界。

想像一個巨大的海灘汽球，拿一些樂高積木組合成一些建築，把它們黏在海灘球的表面，然後想像你可以把海灘球由內往外翻，這時海灘球的外表會很光滑，而所有的樂高建築和樂高人都黏在海灘球上。

然而事實上，所有事物都存在於海灘球內部——建築物、空氣、樂高人，和它們所有的思想、感覺。整個宇宙和地球也一樣是在內部的外在，從一個靈魂而遙遠的知覺來觀察，我們都在同一個海灘球內部，進行著我們的演進，而這個實質的海灘球，又在一個更大的海灘球內部……

因此我們與萬物都有所關聯，因爲我們都在同一個分子裡，而每一個分子裡的萬物都在發散神力，只有程度大小的區別而已。這本書的紙張有一部分的神力，因爲神力存在於其原子和分子裡。

一旦你了解這些，又知道萬物或是無生物都在吐露著感覺，你便可以了解到你也是一種感覺。一枚指紋的能量，是你這一生所發展出所有感情的集合，加上截至目前爲止你所累積的神力。你比較不像是你所想像的，而比較像是你所感覺到的你。

我是它，它是我

了解所有的萬物都是感覺，你可以開始把自己的認知灌注到事物裡，去發掘它們的感受——鳥在飛翔時有什麼感覺？一棵樹會有什麼感受？這樣的情境發生時會有什麼感覺？酒吧裡那個人提供的商務機會感覺怎樣？

當你以這種方式檢視所有現實時，你可以將意識推進到萬物，去了解它們。這些是超感應力的基本原理，但這個系統不全然是聰明的，有時你的虛無知覺會和你的邏輯互相混淆，但只要你多練習使用你的精微知覺，它會變得更加敏銳而敏感。

你必須了解你有能力以意志力引導神力。這句話的意思是，你是能量的磁鐵，也是能量的投影機。你進入另一個人的思考模式中，它反映出你的言行舉止，但它同時也反映出你內心深處潛藏的態度和感覺。

大多數人並不認爲，他們的想法和內心自我對話有任何因果關係，對他們而言，那是安靜而私密的，它們並不認爲對生活經驗有任何影響，但這不是事實。外在的現實狀況不僅反映你的言行，同時也反映出你內心寂靜的想法和感覺。任何一句你說的話、每一個想法，甚至你在街頭瞥了行人一眼，都是你內心精微情感的回應。

把自己轉化為正面思考

在熙來攘往的大街上觀察行人，看自己有什麼樣的反應。你會發現自己的心智，不斷在評論批判所有的事，你會情緒化反應這些批判，歷經欲望、悲傷或者漠不關心。當有人拒絕或驚嚇你時，你會感到約束，這些反應你都可以單純的在街上觀察路人中經歷到。

思考一下你靜思的影響，它在你心中產生了怎樣的情感？當這些想法運用在日常生活時，對你看待生命，或者對你生命的發展有著什麼樣的影響？這些內心的思想和感覺，是破壞了你的生活，還是它們支撐並建立起你生活的秩序？

其次，注意你的談話內容。大多數人都沒有想到，他們談話的內容多麼具有自我毀滅的殺傷力。負面的人並不這樣認為，他們並不知道負面的態度正在改變他們的外在世界，以迎合他們的思考模式，並因此破壞他們的生活品質。

傾聽你的對話，注意你的想法，看看它們之中隱含了多少的哀歎、衰弱，又有多少內在神能，表現多少希望、感激、愛和幸福。千萬記住，負面態度會殺傷你，讓你真正的貧乏。

俗話說：「精誠所至，金石為開。」我們的經驗告訴我們它是對的。無論你專心致力在哪一方面，你都會增強你的實力，因此，如果你專注於負面而不幸的想法，就會覺得被困境和失衡所擊倒。

告訴自己：我過得好極了

認知的第一要件是訓練你的心智，整頓你的談話，擺脫所有不贊同的言論，特別是那些摧毀你的能量和讓你生病的想法。如果有人問你：「最近好嗎？感覺怎麼樣？」千萬別回答：「不好，我的生活簡直是場噩夢。」而要回答：「好極了！」就算你的生活不怎麼樣，那又如何？這都只是自我本位的觀點；在精神上，你的生活可以很美滿。生活在這世上是一種恩賜，不斷提醒自己這一點是很重要的。

當你的理智丟給你一個負面的想法時，你要對自己說：「我才不接受這種負面的能量，我才不接受恐懼。我是愛，我是積極正面的，所有發生在我身上的事情都是最佳狀況。」你也因此逐漸汰換挫折感的心理。

當你規範整頓你的想法和說法時，你需要注意你的交友及其行動的品質，遠離那些只會歧視毀謗，或只採取毀滅墮落行徑的人。你不需要批評他們，但也不需要同流合污。

留意你的行爲，確保你以一個正面而可敬的方式過生活，不要降低你的能量或是破壞你的均衡。

把美善帶入心中

另一件你要注意的，是潛藏在你動機背後的本意。當和別人交談時，留意並清楚你正在說什麼？你的議題是什麼？當會話進行時，你感覺到何種情緒上的變化？你的話真的表達你要說的嗎？請捫心自問：「我是否正在操縱、哄騙，以尋求讚美與認同？我是否覬覦那人的錢財？我是否假裝喜歡這個人，事實上卻恨他恨得要死？……」你會訝異你所發現到的事。

通常，你會發現在社交上，你照例會扮演一個好好先生，充滿理性、關懷和善心，事實上隱藏在這個社會自我的真正的你，可能充滿怨懟、貪心、歧視、害怕、自戀，並擁有卑鄙醜陋、陰暗的一面。

當你觸及你的內心深處，通常都能確認出那些具破壞性衝動的緣由，如果你無法自知，找個專業心理諮詢師，讓他幫助你。通常你陰影中的邪惡本質來自於恐懼；當你擁有無限自我時，你的恐懼會消失，你的陰暗面也會變得光明，得以控制。

然而，你還是得與你的陰暗面交鋒，你不能老是穿著「社交人士」的虛僞外衣，來尋找無限的自我。以你本來的面目，透過認知與性靈的陰柔面，來看清自己的眞相，很多未知的問題就能迎刃而解。

藉由發現你內在的污穢和隱藏的動機，可以看出爲何你的生活，老是摻雜著不必要的矛盾與挫折，你的意識遵照著世俗的眼光進行，然而你的潛意識卻背道而馳。關心、注意並治療這些負面的衝動，逐漸步入精神上正確的立足點，這表示你將中立的對待他人，並更進一步的成爲一個具有開放胸襟、支持他人並充滿愛心的人。

當你臨死時，你將看到你靈魂的全貌，這對某些人來說，會是個相當大的震撼，因爲他們發現，他們靈魂的眞相與他們以爲的自己有很大的出入。

所以，你必須現在就對它們有所警覺，並在你還有能力時就修正。如果你在能有所改進修正前就魂歸西天，那將會是恐怖而悲哀的，你不會喜歡你所看見的事實。

加強自己的觀察能力

日常生活是你內在世界的表象，充分利用你日常的五種感覺，關心並注意各種徵兆，它會幫助你發展你的第六感。因此，如同強化知覺的一部分，開始要求你的心智去關心一切，注意、觀察、計算、默記所有的事。比方你進入一個大飯店的宴會廳，數秒內你應該可以回答若干簡單的問題：這個宴會廳裡有幾把椅子、幾盞燈光、幾名侍者？地毯是什麼顏色？桌子在哪裡，上面擺設了些什麼？……

持續要求你的心智注意，即使是最不相關的資訊，也要強化你的五官知覺，並且持續注意你的四周，可以逐漸增強你的第六感，接受更多新資訊。強化你觀察外在世界的能力，會幫助你更了解你的內在，以及理想的自己。宇宙正持續不斷與你交談，向你透露一些訊息。

因此，透過神力的內在化，並藉由了解你的無限自我，和它與生俱來的靈性，在你心智平靜時才能發展成長。你將開始了解神力的宇宙法則，看祂如何拉拔你、帶領你、引導你。

生命是一句禱詞、一場對話，你在發射能量，也在接收能量；看潮起潮落，看你的內心對話，和生命象徵的語言，奉獻你簡單的人類活動。在你靜默的時刻，如同能量和資訊、請求和感激的相互交流。

在圓桌武士的傳奇裡，亞瑟王從湖之女神手中接下神劍。神劍是一種寂靜的力量，不是自我本位的力量，神劍來自平靜無波的湖水，表示它來自「平靜」。你不需要完美才能得到平靜，應不斷告訴自己：「我是平靜而均衡的，不管生命是否完美。」

接受「平靜」為一種恩賜，漸漸的，你的情緒會平復下來，你的精神力量會從心裡升起，創造更多的均衡。這是一種你會希望保護它進而藏起來的力量，你會運用它來撫慰身體而獲得的「超然」。

現在你必須學習如何守衛這些力量，去保護你的能量，並隨時提高警覺，不要讓你的自我本位恣意破壞。

認知的擴充來自你了解到萬物皆有感覺，同樣來自你不斷自問萬物感覺如何。

試試看，向神力要求在未來二十四小時內給你看些東西，一些你從來沒見過的——一個知覺、一個直覺、以不同的眼光來看已經看過千百回的東西。

而後，小心翼翼的觀察，一些不尋常的事會發生，你會了解到一些看似外在的東西，其實是內在的。它在對你說話，它以它若有似無的方式愛你。

步驟3

打破原來的我

步驟三是培養超越自我的勇氣，這是一種放手，並讓生命進入自由流動的自發性原動力的行爲。這表示更少的架構，更多的信任、信仰，以生命的本質來看待它，而不是試圖強制生命照著你預設的型態前進。

看到了不同

從自我本位到靈魂的旅程，到解決人類的矛盾，都可從下面的詩文中找到解釋：

我們必須在難免一死的肉身中擁抱永恆
我們必須相信看不見的神祇

我們必須學習擁有與恨一樣多的愛
當人們不斷討論貧困和匱乏，我們必須看到富裕
當處於宗教控制狀態，我們必須發覺自由
當別人批判貶低我們，我們必須發展自我價值
當四周只有醜惡，我們必須看到美好
當我們被不確定包圍，我們必須擁有善良和積極態度
儘管我們憂慮，但我們必須感到安全

你必須放棄以往那種知性的習慣，說自己的個性自己最清楚。如果你不能放棄這一點，你的自我個性就會一直排擠你的內在能力，你將因此而錯失身爲一個精神個體、錯失精細的知覺和超感應力所帶來的利益。

內在的無限性，就像一陣來自上天的風，朝著你的方向吹動並幫助你，但只在你安撫心智並控制好自我本位的時候。有人問我，這是直覺嗎？是，也不是！

它不只是一種直覺，自發性直覺只是它的早期功能，之後，無限自我的對話會

成爲全知，而即時資訊則來自更強化的感覺，它的成長隨著你集中並修養你自己，相信自己就是無限。

現狀是可以改善的

一旦你能看清機械式生活的眞相，無限自我的力量便隨之加入你的生活，日復一日，年復一年，持續的以絕佳的方式，引導你進入事物的精妙本質，帶領那些你需要與之共事的人前來，教導你如何修正信仰模式，以及那些你必須永久拒絕往來的信仰，幫助你找到幸福，引導你減輕繁重和禁制的生活方式，而它知覺的深度會帶領你前進到下一步。

你若不傾聽是很可惜的，當你的自我本位持續主導，而你內在的靈性退居幕後，並等待你結束世俗生活的邏輯。所以，學習傾聽是很重要的，而順從你所聽到的去行動則更爲重要。

一開始，如果你有些混亂，不知道哪些是無限自我的聲音，哪些又是來自理智，其實都沒有關係，但無論如何你都要採取行動，因為這是最最重要的第一步。

如果你不傾聽，也不放開心胸，只以你的本性及個人好惡來覺知周遭的世界，將使你的能量式微。若沒有新的能量流入，你會用光身邊所有的力量，你所處的地點、現況、工作、人際關係的能量，都會開始下降到最低的標準。逐漸的，你會變得更加沒有安全感，進入一個停滯死寂的地帶，成為毫無生氣的人。

身處停滯時期最危險，你的安全和防護受周遭的腐敗所侵襲而衰弱。想像一下你的死寂地帶是一張廣告傳單，因為負面的情緒和禁制的影響，原本平板的紙張，開始從兩端向上捲曲，像一個倒立的甜筒，你讓這種死寂地帶圍繞你越久，甜筒的外緣就會越來越尖，漸漸的，你把自己逼近甜筒，直到頂頭尖點，完全卡死。

在甜筒的底部，你的心智極度缺乏能量，而你身處現況的支撐力量又那麼大，你正逐步走向極端束縛的情境，生命從四面八方把你關起來，更悲哀的是，你已經沒有力氣爬出來了。這種了無生氣的束縛，會使你不平靜，造成你的官能失調或行徑魯莽，終至絕望和早逝。

在你祈禱或冥想的靜默時刻，自我認同允許你有所不同。你會改變，會藉著擁有新的想法，來對抗自我本位的缺乏能量。

其次，要有勇氣去接受。即使自我本位會在你試圖擺脫它對你的生活支配統御時，給你帶來痛苦和氣憤，它不會喜歡你正在進行的心靈改革，它將藉由各種邏輯、情感、義正辭嚴的理由發出抗議，希望你回心轉意。當這情形發生時，請硬下你的心腸，做一些你自我本位不會喜歡的訓練，例如在清晨四點鐘跳入冰涼的河水裡，持續一個禮拜，這樣情況將會有所轉變。

在你改變和成長的時候，自我本位會感到被攻擊、威脅，如果你只有一點回應或根本不抵抗，那不會有事，但如果你抵死不從，它會「很受傷」。所以，允許自己有時候脆弱，揚棄那些一般人深受其害的男子氣概、教條主義和堅持心態，改採進入高度的靈魂之美，跟著感覺走，不需知道你要到哪兒或怎麼去。

只要相信，相信，相信。

步驟4

跟著感覺走

當你要做抉擇時，與其理智的考量：我應不應該？我要不要？不如將你的選擇在心裡翻攪混合一番，試著只靠你那精妙的感覺，回答你的疑問。

相信你的感覺，探問、觀察你身邊的各種徵兆；你會知道嘗試有多困難，何時是前進一小步的最佳時機，而何時又最好暫退一步。在你不斷問自己一些邏輯的問題，卻都沒有答案時，你會不斷增加內在引導的能力，如果你循著這個方向一路走下去，盡可能避免自我本位的反抗，你會發現，其實你的內心導引都是對的。逐漸的，你會有足夠的信心，讓你的靈魂成爲你生命中的唯一嚮導。

在現行教育制度下，唯一的眞理只有自我本位、個性、身分地位及邏輯。在小孩七、八歲時，大自然賜予天生的內在眞知，早已不復存在，我們被訓練去忽略與萬物相互聯繫溝通的學習方式，轉而利用一些費力的學習方法，像是機械式的背誦、思考、反射性的標準答案及邏輯等。

在你的教育過程中，爲了要贏得其他人和學校老師的接納，我們選擇循規蹈矩，避開冒險，久而久之，我們形而上的知識蕩然無存。如同亞當和夏娃偷吃眞理的蘋果，我們從機械生活的樹上，啃食了邏輯的蘋果，從此由天堂墜落，失去天使般的本質，從伊甸園被驅逐到艱難困苦的生活裡，只有自我本位的知識引導我們。

最後，我們完全忽略內在靈魂在說些什麼，本性決定了所有的事，而我們只能像一群聽話的工蜂照著去做。

相信自己的感覺

我們爲什麼會抗拒內在靈魂？我想一部分是恐懼，一部分是因爲個性和其中的自我本位，不能忍受有一股比它們更重要、更有知識的內在力量存在。當你想到這點，你所有的思考理智都只是臆測，從過去的表現中擷取它要的資訊，試圖將經驗外推，猜測哪一種行動對未來最有利。這是一個非贏則輸的賭局，世界變動如此快速，今天行得通的，明天通常都會失敗。傾聽內在知覺，才是在這個快速發展的世界中，永遠比別人快一步的最佳方法。

當你開始去信任你的內在嚮導（即「無限自我」）時，它會一步一步親切的引導你，帶你去找下一個人，到下一個地方，到最高點，它會知道在哪兒。當你專注並依賴它，它的能力會變得更強大，心裡的門會打開。

有人告訴我：「信任是一件很可怕的事！」

「是的，」我回答，「想來也是，但這就是這場神聖探索的本質。」

事實上，只有你的個性在害怕，真正的你是永生不朽的，不會驚慌、生病或迷惑，生存於完美的境界和絕佳的幸福。因此，別害怕放手，別緊抓著你的個性，學著跟它說話，幫它渡過這段歷險。

培養改變自己的勇氣

遠離自我本位到無限自我的旅途，像是在雲霧中的旅程，你只能看到眼前的幾步路。如果你可以一路看下去，半年、一年、五年、二十年，這是我的命運——

哈！打一個大哈欠，你被機械式的惡魔緊緊掌握而動彈不得，你是自我本位世界裡的囚犯，希望建立一個安全而無聊的生活節奏，讓它感到安適，所以它像反射動作般的生活，星期一洗衣服，星期二吃牛排，星期三打保齡球，我們一點都不會傷到腦筋。

如果你朝著無限自我不斷成長，你會有更多的選擇空間，事情也不再那麼絕對，對未來你不會看得太遠，時程縮短，而能活在當下。你所能知道的是：「我現在覺得很好。」因此，信任是很重要的。

這裡有一個很好的練習，你不妨試試看。找個空閒的夜晚，把自己的眼睛蒙住，我假設你不是瞎子，如果你眞的瞎了，就不需要這樣的練習，因爲你早已瞭若指掌。先把不安全的地方收拾一下，你總不希望爲了尋找無限自我而受傷吧！整個晚上你都戴著眼罩，讓這個遊戲至少持續三個小時，以便久到讓自我本位放棄控制，這點很重要，這個練習的目的，就在於削減自我本位的主導權，使你得以運用感覺做事。

當你暫時失去視力時，你可能會感到挫折、恐懼或者無聊，你的自我本位也會因失去控制權而有所反應。下定決心，不爲其所動，直到練習完成，你是在嘗試發展信心，好讓感覺引導你。

在我們的研討會中，有一個叫做「野火」的訓練課程，一年一度用來訓練我們的學員，將這些男士帶到茂密的森林裡，戴上眼罩，每個人帶著兩顆雞蛋，象徵現實生活中的重責大任。在一個小時的過程中，跟隨著鼓聲前進，並確保雞蛋不會摔破。

起初，他們會有一連串頭撞樹枝或腳被絆倒的慘痛經驗，有些人因失去視力變得無能，而與鼓聲漸行漸遠，這對他們逐漸與無限自我失去聯絡，非常具有象徵意義。一旦他們克服了無能，停止自作聰明，並了解整個過程的意義，便可以感覺到哪裡有樹，開始有信心而毫無困難的通過矮樹叢，最後，他們幾乎都能以正常的速度前進。

有時，鼓手打了一下盹，蒙眼的學員們在遊戲結束前就已趕上了。這總令我感到十分驚訝，人們能在不可思議的極短時間內，發展出超感應力，他們接受它的存在，並尋求它的協助。

因此，接受靈魂爲你嚮導的勇氣，並不需要很大的意志力，只要有足夠的勇氣，遠離生命圍欄所描繪出機械式的意識形態，並順著羊腸小徑走向未知，你會認識別人；到不同的地方旅遊，生意和機會將突然出現，你會期待出乎意料的驚喜。

接下來的一些方法，可以使你的內心嚮導對你更有幫助：

首先，叫自我本位閃一邊去，你必須把它的舒適地帶推開，挑選一些它不喜歡的東西。譬如你不喜歡公開發言，那就爲大家演講；如果你有懼高症，跳傘去！如果你怕黑，像我一樣在深夜到森林裡散步。每個星期，想一個可以用來自我挑戰的花招，跳出抗拒的框框，讓你更堅強。

其次，訓練自己在心智上「活在當下」，不要讓心智作白日夢，別煩惱未來，當然，你可以計畫一些現在就必須組織，才能在未來實現的計畫，但不要對未來想太多。停留在永恆存在的中心，努力信任、訓練知覺的肌肉，它會快速的成長。

步驟5

挫折也是一種學習

大多數的人都以「先入爲主」的方式，來看待個人生命中所有不愉快的經驗。其實，自我本位有它的規定和規則，而從這些規定和規則產生它的欲望、需求、意見、信仰和恐懼。只要自我本位發現任何事不如其意，它就會有所反應，顯現出一副傲慢自大或者廉潔正直的姿態，或者反應出它的不安，或者表現受到不公平待遇，因爲它的現況遭到威脅攻訐，抑或是它的權力被剝奪。

讓想法轉個彎

當你看著街上的乞丐，爲他們的匱乏表達你的同情，然而，你實際上表達的是自我本位的氣憤。自我本位的觀點是以自我爲中心，加上自己的恐懼，它會說：「看看這些窮人，他們應該要很富裕、有車子、有錄放影機、權貴和家。社會應該提供他們一切所需，讓他們的生活舒適，無憂無慮。」

以一個有限的、情緒化的自我本位的眼光來看這個世界，我們會批判它，讓它錯誤百出。生活必須舒適、無憂無慮，每個人都要很有錢，但這些都只是自我本位的意見，不一定是對的。當你以自我本位的眼光看待這個世界，很多事情就會變得不合理而荒謬。

街角的乞丐不只是自我本位、個性和肉體，他也是無限的，在肉體裡存在著永恆的進化。你怎麼知道，貧窮不是這些乞丐了解自我和成長所必須的經驗？或許他需要掉落到人生的最低潮，才能獲得這樣的結論：「如果我坐在這堆爛泥上，我哪兒也去不成，我眞正需要做的是站起來，好好梳理一番，然後發揮一些能量。」

當然，你一定會對社會上的弱勢團體表示同情，而你必須盡你所能的去幫助他們，但只是給他們錢，和實際上激勵、教導他們一些謀生技能，讓他們日後能自力更生，有很大的區別。

爲了給你一個另類觀點的實例，讓我們看看英國的情形。英國政府每年從人民身上收取了七百四十億英鎊的所得稅，卻花了七百六十億英鎊在社會安全救助上，這還不包括全民健保的支出，提供免費的醫療照顧和藥品，給全英五千八百萬國民是非常昂貴的。

這一社會救助的結果，英國沒有極端貧窮的人，所有低收入戶都受到良好的照顧，並維持基本的生活水準。但實際上，卻造就了廣大低下階層怠隋自私的民眾，忝不知恥的壓搾整個系統，期待生命像一個餐盤。

這個系統導致了越來越多的國家赤字，越來越少的能量；更多的毒品、暴力、犯罪，和所有猖狂自我的共通毛病，它同樣也創造了部分勞工的忿怒和怨恨，因爲他們感到被壓搾，支持、付錢讓這些有行爲能力的人，好讓他們什麼都不做。最壞的是，這些超額費用與寬厚慷慨，影響了物價和利率。

所有的物品對所有人來說都貴了許多，逐漸拖垮了整個國家。

隨著政府越來越窮，惡果逐漸由全民共同承擔，因爲政府爲了自己的政治生命，開始不顧人民的死活，進而變成一個與民爭利的掠食者，而不是人民的保護者。

美國在這方面就是一個很好的例子。當美國債台高築的情況越來越嚴重，美國政府背叛了全民，恐嚇、強制、無所不用其極，盡可能的重新掌握所有的財物。在不到一個世代的時間，一些原本看來溫和、友善，打心裡關心全民福祉的機構，變成了專制。

美國政府對其國民的壓迫，是件非常可怕的事，因爲它粉碎了美國成功的唯一理由——她的創造性、無所不能的積極性和希望。

爲了讓人民得以經歷他們的靈性、成長，並從他們在世的時間學習，他們需要某種程度上公平和穩定的民主舞台。在今天的政策下，西方國家終將面臨崩潰和財務瓦解，而後便是一連串的無政府狀態、法西斯主義、恐懼，和一大堆國家自我失控的醜陋表現，無可避免因自我放縱和拜金時代的結束而表露無遺。

因此，我的觀念是，試圖要幫助人們成長茁壯，而不是幫他們養病。我們需要讓我們的國家繼續航行，我們不能向政治的自我本位讓步，或者我們可以教導人民控制自我本位、散發能量，進而自給自足，民主因此永生永續。

不被短暫的情緒拖累是很重要的，你要記得，當你悲觀的注意到負面能量時，只會發現與自我本位相左的事件和情勢。

就像你不會比你的心臟停止跳動的那一剎那更有生氣；所有在戰爭期間死亡的人都沒死，而所有在世上受苦的人再也沒有苦難，他們依舊活著。因爲這超過我們所能理解的範圍，我們只能做到具有同情心，並了解人們正在經歷些什麼，不管是自我本位認爲的正面或負面，都是他們的演進。

愁苦只是自我在作祟

想在精神層面上有所成長，我們必須擺脫情緒的控制，但這並不表示你不需要去幫助別人，或當一個好心親切的人。上述的觀念，只是要你擺脫被每天的政治和社會事件弄得七上八下，並因而增強自我本位的功力，或因其意見而損傷自己。

我們所要做的，是以一個不同的方式，去了解死亡、痛苦、殘酷、限制、歧視、疾病、不幸以及貧窮，不是從自我本位自負、生存競爭的態度，也不是從正義感，而是從一個疏離的感情，去了解有五十億或者更多的靈魂，在這個物質的星球上，一個個肉身凡胎演進裡，需要汲取一些有利它們演進的經驗。

一旦你了解到這些，你便可以退後一步，站在一個更廣闊的立足點看待世間事。當然，我們都希望這世界沒有貧窮、戰事和鬥爭、苦難和煩惱，沒有這麼多的軍事政府，也沒有那麼多政府對人民的限制。但這是地球進化的一部分，這是人類在歷史的時間表中尋找自己的方式。

如果你太在乎政治社會議題、太重視原因，你會身陷在自我本位的定義太深而無法自拔。這並沒有什麼好壞對錯，如果你想追求無限自我，必須做的就是淡然處之，這就是這個哲學的中心思想。

淡然超脫並不是冷漠無情，更不是要你說：「我管這些人的死活做什麼。」而是要你去了解他們的演進是很重要的、是神聖的。一個人並不因為他在貧民窟裡成天酗酒，他就不應該存在，或許他也希望過得好些，但或許他必須墮落到非常低的水準才能振作，或許他根本不想東山再起，或許他需要體驗一下無所事事和墮落的感覺。

所以，當你看到有人在「體驗痛苦」，你必須承認我們並不很了解他們的想法。因此，當有個人撞樹而死，你可以全然設身處地覺知那種能量，或者你可以說：「多特別的進化方式！」記得他們是不朽也不會死的。

「崩潰」是人們體認必須改變遊戲規則並提昇能量的方法。我們在生命中都曾經歷艱苦的時光，當你渡過艱難險阻時，不都有一陣子你會回頭想一想？你會抓住牛角說：「我不會再忍受這一切了！」你開始產生熱忱、能量、採取行動、治療、改善事件，看著自己說：「我現在已經變成自我本位的受害者，我得想想辦法。」

所以當你看人，要以一種同情的眼光去感受。一種疏離的諒解，我們不可能分毫不差的知道他們精神上需要些什麼。我們不一定能理解事情爲何如此，我們只能了解人類進化的現況，和現今人類的自我本位下，他們的知覺程度。因此我們竭盡所能的散播愛心，但不能侵犯別人，除非他們要求，我們不能試著扶起他們、改善他們的生活。

我們必須學習從這個世界解脫，如果不能解脫，我們將無法從自我本位前進到靈性，因爲我們將被共同情緒所困鎖。你是要以不安、自大、傲慢、教條和自我寬恕的自我本位觀點去看世界，還是以無限自我的知覺，去了解負面能量、不幸、疾病和死亡？

有人問：「當地球上充滿邪惡之際，神怎麼可能存在？」事實上，神並沒有和邪惡混在一起，祂只是超然的站在一旁觀看。神沒有說世界上一定要有邪惡或一定要有善良，神是純愛，存在於無限超脫。祂只是觀看，在那兒等著我們，但不干涉，讓我們做我們該做的事。

若你想要幫助別人，就必須讓他們繼續堅持、永不放棄，別對他們說：「我已經幫忙六個月，現在請你們自求多福了！」如果你眞的那麼做，他們會極度不滿，到處跟人家說你是隻老鼠。你會想：「等一下，這好像不太公平，這段時間我一直在幫這傢伙，現在他居然罵我老鼠。」事實是你高高在上把他撿起來，他不一定有所準備，是你侵犯了他的進化，試圖在他不需要的時候，加速他的知覺、加速他的能量。或許他有要求，但你並沒有教導他怎樣自己堅持下去，最終，他掉回他認爲舒適的能量，就像微分子一樣。

想從天將人拉起，以提高他們的能量是行不通的。站在能量的角度思考，如果你從天而降，將人提起來，他們的腳會接觸不到地面，亦即他們會脫離他們能量所在的現實，而看不清哪些是眞理、事實和可行的事。

研討會的學員問過我：「可是，小史，你教導並幫助別人提高能量，難道不是在提攜別人、侵犯別人嗎？」

我覺得教授別人和強迫別人像神一樣的接受你，改變他們的進化和侵犯他們的生命，這中間有很大的不同。

一位好心的女士告訴我，她之所以參加這次的演講，是因爲有一天，她在書店裡想拿架子上的一本書時，有大約六本我寫的書從架上掉下來砸了她的頭。她覺得那是靈魂給她的訊息，於是買下了那些書，雖然當時她從沒聽過我的大名，也不需要這些書。另外，也有一位朋友發生類似的故事：當她在舊金山路邊等著要過馬路時，一輛車急駛而過，恰巧一本書從後車廂飛了出來，而那本書就這樣改變了她的一生。

無限自我有一套很可愛的快遞方式，有時帶領你、有時拖著你到下一個跳板。你不會看到太遠，但你要學著從這塊跳到下一塊跳板。有時候，這一個過程進行得很輕鬆快意，我常會被這種靈魂的仁慈和所有的奇蹟催眠。

記住，當別人過來請你幫忙，你必須盡可能幫他，要好心、慷慨、仁慈，當個大人物，奉獻自己，奉獻你的能量。你不一定要奉獻你的金錢，但奉獻你的能量，你可以給他們建議、愛、專業知識。因此，當他們問你：「我該做什麼？」你得反問他：「你想做什麼？」當他們問你：「我該怎麼解決問題？」你得反問他：「你想怎麼解決問題？」當他們問你：「我該怎麼離開這種混亂？」你得反問他：「你想怎麼離開這種混亂？」

你要讓他們知道，讓他們走上軌道的唯一辦法，就是當他們對生命和在世上的進化有熱忱，有欲望去達成、去知覺、去創造；在這之後，人將會有所改變。

因此，接受逆境是一種「我們在無限演進的歷程中」的觀念。你放眼所及不是一群死屍，你看到的是一群死去的肉身，但它們不死的靈魂已經離開，而且活得好好的。這世上沒有死亡，我們情緒上和心理上的愁苦，不過只是自我本位的愁苦。當你明白這一點，你的心裡就有一扇大門敞開。

如果你的自我本位沒有一些教條、意見和地位要保衛，你不會有負面的能量。如果自我本位不那麼固執，就不會有所謂的「恐懼」，也不會有這許多人要互相傷害，因此，以一個不同的方式來看挫折的力量是很重要的，因為這是人類進化的一部分。如果你想跳脫共同情緒、群體思考模式，及其可預期的情緒反應，那就不必理會人們的所做所爲，並試著了解這些是他們的進化過程。

步驟6

不必人云亦云

就像我前面說過的，我們所認爲的眞理，其實是從別人那裡「借」來的。你一出生，你的潛意識便開始記錄下所有的感覺，和身邊所接觸到的一切，它同時記錄下所有的感情、情緒和它聽到的語言，但更重要的是，它記錄下對日常家庭生活的所有情緒、感覺和態度的下意識反應。因此，毫無疑問的就這樣一點一滴，你逐漸被你所處的族群、信仰模式所困。

這些群體信仰模式，並不與個人的自我本位相違背，因爲族群間彼此認同的重點，便是族群的自我本位，而其外在表現就是「族群心態」。如果不是屬於同一個基因、社會和國家所群聚的人格，怎能算是一個族群？就其本質而言，族群心態自然包含了挫折、恐懼和失調，而要從頭到尾經歷這一切，便是那個群體自我要你接受的行程安排。

如果你沒有太進化，族群心態是件好事，因爲它提供了群體意識的熟悉度和安全性，一種群體的力量。一旦你開始追尋個人特質及無限自我，族群心態會不斷找你麻煩，對你百般限制操控，要你一輩子逃不出它的掌握。

我怎麼會這麼想

在你追尋靈性的歷程中，你需要重新溫習，如果可能的話，找尋其他的信仰模式。族群信仰有其社會價值，但它同時也帶來了限制和恐懼。

「別這麼做，否則你會失敗；別那麼做，人家會不高興。」

族群要你做的事，大部分是在維持族群的現狀，我們的兒童接受到的安排也都是：「把你個人放在一邊，為其他人奉獻自己，為國家社會謀福利。國家社會需要你的能力和支持，以鞏固其力量。」

當你投胎轉世到這個世界，所有的架構和機制都已經建立，所有的法律規範、典章制度、政府、稅制和教育制度。你的無限自我接受並對這些有其看法，剛開始它會被所有的資訊困惑，因為你從小就被家庭和學校老師訓練成一隻小蜜蜂，遵守所有的規矩，直到日後，你才終於明白這一切事實的眞相。我們習慣性的認爲這些規範固若金湯：大家都是這麼做的、這麼說的、這麼穿的、這麼守規矩，除此之外，其他都不帥不酷。人類的天性，一部分是爲了自己的形象和安全，極度渴望自己卓越出眾。另一部分則是，要求自己比其他族群強盛，基於這種安全理由，它需要自我支持，要求整體族群都能順從，不要任何人有所不同。

「順從」是可怕的，因爲它造成社會上的人群聚在一起，進行族群集體進化。從另一個角度看，你是原籍族群中獨一無二的人，一個獨立的個體，但在精神層面上，你並不是一個獨立個體，除非你能獨立自主，爲自己的生命負責，擁有自己獨立的命運、信仰和做事方法。

但你的族群不會容許你這樣特立獨行，我們是整個系統完全建立在「控制」下，國會、政府、稅制、警政乃至於地方自治，整個概念都是設計來壓搾、強迫控制納稅人。抵抗是非法的，我們被設計成，如果意圖改變現狀，我們會感到羞愧、有罪惡感。

數千年前，醫術和智識尙未如此開化，你可以想像一般的部落居民，如何被恐懼牽制。當一個人猝死，他們不能驗屍後說：「他吃下了一些不乾淨的食物，死於食物中毒。」

他們相信饑荒、疾病、死亡等這些不幸，我們稱之爲與自我本位的對立。這些都是神怒的徵兆，上帝對這個部落不甚滿意，所以降下天譴以示懲罰，所以當一頭山羊死亡，會被認爲是凶兆。他們的無知，讓他們對命運和神有很深刻的情緒關係，如果收成好，表示神今年對我們很滿意，相反的，如果收成不好，有瘟疫、疾病，或是另一個部落從山上一路狂殺下來，便說這些都是神怒的徵兆。

他們不知道有細菌、微生物，沒有所謂的抗生素，他們不知道血液流過全身。他們處於知識停頓的時代，因此，你可以了解他們多麼需要群體，才能感到安全。他們需要彼此感情上的支持、共同對抗外來的襲擊、照料作物、馴養動物、養育兒童。

任何威脅到集體主義精神的人，自然而然會被認爲是異端，必須被驅逐出境甚或處死。如果你不相信部落居民所相信的事，人們相信你會因此使整個部落變得脆弱，神會因爲你缺乏信仰或行動力而感到不高興。或許你不參加河馬祭，不贊同每年六月將兩名處女推下山崖的祭獻禮，且說：「我對這種處女跳崖祭的慣例，一點也不感興趣。」這種不同意見，震撼了部落的集體心理，造成部族成員間的恐懼。

即使在今天，我們擁有先進的醫學知識，了解身體的狀況，我們依舊覺得有一種循規蹈矩的義務。如果你想在社會中出人頭地，特別是有典章制度的現況，你會被要求要符合一切，依循社會體制，不能有任何顛覆傳統的想法，在這現有的典章制度和傳統自治社會的束縛下，並沒有很大的創意空間。

我覺得最可笑的是看著那些上班族，脖子上老是纏著一塊彩色的布，仔細觀察，你會發現那是一個很詭異的配件，沒有人眞的知道那是幹什麼用的。你不能拿它來擦鼻涕，也不能當它是條餐巾，那這個掛在脖子上絲質或彩色的棉布，到底是做什麼用的？

不知道你有沒有注意到，但脖子是空氣要流進身體的必經之地，你不會認爲在你的氣管上綁著一塊布，對你的幸福或生產力具有傳導性的影響，但上百萬的男士，每天早晨藉由這個象徵性的動作，把一塊彩色的布勒在脖子上。很詭異的，不是嗎？

我想這原先是一條餐巾，主要是爲了防止食物弄髒衣物，但這原本的意義已不復存在，現在它是一種尊重和可靠的象徵，理論上只有無賴和無能的人才不戴它，主流派之中沒有一個人有勇氣舉手發問：「對不起，各位，但這到底要做什麼？」

如果你在一家正經八百的公司上班，一定會被要求在脖子打上一條彩繪的布，這是「加入」的方式。如果突然間你決定不再打在脖子上，而是從口袋裡垂下來，或者你根本不再戴著它，你一定會被認定是不可靠，而且是在找麻煩。

族群心理的重點就在「控制」，在古老的年代，他們控制女人，不只是因爲群體心理作祟，更因爲部落的將來要仰賴她們。女人們必須像機器一樣，爲部落生產戰士，將來好爲部落的防衛效力。

因此我們也遺傳了對女人強烈的控制，直到最近，女人們才開始贏得平等權。原諒我的說法會有一點冒犯，但在遠古時代，女人的地位就跟母牛等家畜一樣，換句話說，部落的女人越多，就能生產越多的嬰兒、越多的戰士。女人是一種必需品，是部落的財產。

在這樣的體制下，當然會嚴格控制女人的性生活，他們總不希望自己的女人爲其他的部落生小孩吧！一直要等到這種生育控制和其他束縛都瓦解，女人才能爲所欲爲，她們才能獨立撫養小孩，無憂無慮的享受性生活。她們是不屬於任何男人的。

你可以看出這種中世紀部落對女性的觀念，仍舊存在我們的社會中，強調一個女人應該閉嘴，只管生小孩就好，做她該做的，而不是逞強要成爲一個百萬富婆，或者有自己另類的想法。部落透過恐懼、規範及懲罰，來行其控制的目的，這種行徑到今天一點都沒有改變。

穿上母雞裝，還是很自在

從保護部落集體心理的完整性，到宗教排擠和控制，部落不會仰仗任何人，來創造他們自己的宗教，每個成員都必須支持部落與上帝，因爲這是他們相信命運及信仰主宰之間的溝通方式。

如果你已將上帝內在化，你會明白你不需要任何第三者，做爲你和神之間的媒介。如果你想和神談話，你只需要靜下心來，透過冥想就可達成了。

在遠古時代，大家認爲每個人都是虛僞而充滿罪惡的，不能和神有深具意義的交談，社會體系於是發展出一個第三者，爲上帝與居民交談的媒介，而當你有了媒介，所有的規定、罪惡、義務便隨之而來。時至今日，我們有上百萬人相信神力存在我們心中，我們在精神上是自由的，但大多數人依舊相信神存在於外界，需要一個媒介來規範調停他們的行爲。

這並不表示你不能進教堂。但控制是一種過時的想法，因此這最好是一個自由的教派，在那兒，信徒們分享團契、友誼、音樂、讚頌，被一個聖潔而有智慧的導師教導。

我之所以被道家哲學吸引，就是因爲它不是一個教派，而是一個讓你從痛苦中解放的觀念。眞好，道家並不會對你有任何道德罪惡的規範，也不會要你捐出所得的百分之十，更不會加諸一大堆該做和不該做的禁忌在你身上。

這不是說所有的部落觀念都很愚蠢，有些還是有其道理，比方健康和生理衛生、農作畜牧，以及如何平和進行部落成員間的相互關係。但大部分的部落觀念仍是循規蹈矩、控制強迫，及確保你不會一枝獨秀。

因此我們來到這個世界，接受部落原本的信仰模式，但它們會隨時間而有所改變。當你逐漸成長，更有自信，精神上更成熟，你將會從部分部落觀點中自我釋放，無需太憂慮與恐懼。而後你才能成爲一個自由個體，一個眞正的精神實體，擁有你自己的靈魂命運。

爲了達到這個目的，你必須超越部落信仰所造成的不適，這通常也意味著不再爲部落所接受或支持。一旦你有足夠的能力和自信獨立自主，你才能成爲一個眞正的個體。

你會強烈的相信自己可以不同，不需要擔心別人的想法。

我曾在研討會中給學員一個練習，要他們穿著母雞裝上班，你也可以把領口的小布塊丟掉，穿上母雞裝，別跟辦公室的任何人做任何解釋。假設你在銀行上班，你只要走進去，坐下來開始替客戶軋支票，當你的同事問你：「幹嘛把自己打扮得跟隻雞一樣？」你只要回答：「什麼？跟雞一樣？」

這練習的重點，在於讓你習慣相信自己是一個堅固的內在個體、一個靈魂，而不是自我的社會投影，依循常規，藉由說對的話、穿社會能接受的制服，來贏得別人的贊同。你可以告訴自己：「我就是這樣，一個剛巧穿上母雞裝的身體裡，神聖莊嚴的靈魂。」

在研討會裡，有三個來自澳洲的突擊隊員，他們牢記了這個主意，行軍步出兵營，身上穿著芭蕾伶娜的蓬蓬裙，當他們走到營門守衛處，當班的警衛還向他們敬禮。你得給這些人一些敬意，他們眞的相信自己，對自己說：「我就是這樣，不需要逢迎來讓你們高興。」

很多這種乖寶寶的要求，是從童年時就不斷被灌輸，或自我本位在尋求別人贊同所產生的，這些循規蹈矩的目的，就在於要讓別人高興、讓自己被接受。「如果我做了這些和那些，你會愛我嗎？」「如果我說了這些光明正大的話，你會覺得我很聖潔或有靈性嗎？」

當然，遵守規則是上級要求的一個控制手段，大多數情形下，它是從內心裡自我要求，讓你不敢成爲破壞現況的罪人，否則會被驅逐、批評、審判。

如果你從未打破現況，那麼，明天就做一些不算壞但瘋狂的事，比如：穿個泳裝去上班；別打領帶，在脖子上圍著媽媽的披肩；一整天都倒著走，每當有人問起：「爲什麼你要倒著走？」你就說：「我想看看走過了哪些地方。」

做一些事來打破因襲成規，以及脫離舊有模式所帶來的恐懼，記住，如果你不能突破，精神上你便永遠受困。你將和你同胞的集體命運同生共死，不能有另類的現實和眞正屬於你個人的想法，直到你能有一絲絲小小的突破，才會擁有完全不同的靈魂進化。

在未來兩個星期裡，嘗試一些破壞正常生活規律的方式，譬如到餐廳點一套餐，要求侍者先從咖啡、冰淇淋、主菜然後前菜這樣倒著上，點一些你從來不想吃的菜。如果你不喜歡爵士樂，就去爵士酒吧玩；討厭花菜，每餐都點一大盤，點它個一個禮拜。日常生活中你所熟悉的每一件慣例，都是你的自我本位對你的一部分控制，藉由不同的方式行事，開始向它的構成挑戰。

步驟7

你有進步的空間

懦弱是人類的通病，大部分的懦弱是自我本位怕死的表現。我們內心裡都有各式各樣的弱點，不只是自我本位所經歷的恐懼，還有情緒上自我放縱所導致的懦弱。

當你在追求精神生活的同時，有一件事會不斷麻煩你，那就是我們都深受其擾的自我放縱問題。自我本位容許自己放縱時是很陰險的，它會告訴自己一些可怕的謊言，不斷的讓自己看起來很重要，要不勞而穫、要多重保障、要被注意，永遠追求自我滿足。

弱點讓你看到了謙虛

當自我本位感到不安時，它會不斷試著改善這種不安全性，尋求那些會讓它好過些的經驗或事物。但那只是暫時的喘息，你不能光靠它來控制自我本位，你只能藉由不斷的修行、超越自我本位那與生俱來的弱點，重新掌握自己的生活。

當然，有一部分弱點是來自於自我本位感到自己無知所產生的不安。然而，當你走上靈魂探尋的道路，你會知道你是動的，你只能看到前方一點點的路，一切都是自然而然的發生，沒有任何一件事會再一小塊、一小塊的片斷呈現。

因此要記得一個觀念，需要感覺安全是一個壞習慣；這是自我本位的習慣，要你去「需要了解」，但實際上你並不需要，即使你不知道將來會發生什麼事，你一樣可以是安全的。當你的知覺逐漸變得更無限，你會有更開放的心胸和更寬闊的接受度，且知道將來會發生什麼事都是重要的，也都是不重要的。

不知道也沒關係

這是自由流通和規範限制間的分別，即使在未知的情況下，你依然可以感到安全。當人們問你：「你知道些什麼？」你可以說：「我什麼也不知道。」然後超越自我本位的弱點，在未知的情形下向前挺進，只要跟著感覺走，不斷問自己：「這感覺如何？感覺對嗎？」如果感覺不對，就做一些修正。

當你可以走到「不知道也沒關係」的時候，你就獲得自由，你便克服人類的一大弱點——知道的需要。如果你今天感到均衡，明天你可因爲能量的持續提昇而感到更均衡；如果今天你感覺富足，明天你也可因爲能量提昇的功效而感覺更富足。

在我的觀念裡，自我放縱是我們必須克服的人性弱點，它使我們的精神發展受到限制，並且狂妄自大。不必愚蠢的認爲有人欠你生活、有人欠你重要性、有人欠你尊重、有人欠你一個機會等等；要想成爲一個永生無限的個體，你必須能自給自足，如果你認爲某些人會提供你某些東西，你就無法主宰自己的世界。

但是，首先你必須產生足夠支持自己的能量，來證明你有主導權。如果你現在無法賺很多錢，那麼開始減少你的需求；「我一定要買這個，一定要有那個」，是一種自我放縱和自我毀滅的說法，因爲它肯定了你的匱乏；你應該說：「我的錢不多，所以我應該少花一點，或許我應該住在便宜一點的地方，開便宜一點的車，吃少一點，少花點錢買啤酒。」

名利裡，自由來去

人們會認爲要解決財務問題最好的方法，就是多賺點錢，當然這或多或少有些幫助，但眞正的問題還是在自制和平衡。如果你的自我本位，在每個月賺三萬塊時就失去控制，那麼月入十萬塊的時候，你會有更大的麻煩，即使擁有更多的錢，你還是一樣無法自制，你很快就會有財務危機；事實上，錢賺得越多，你的問題只會更大。

因此，無限自我可以保護你免除失衡的困擾，不至於因爲賺得越多，而深陷於更大的問題。

讓財富增加、站在世界頂端的不二法門，就是縮減自我本位非必要的開銷，把自我控制安於你實際上的所得水準。富有的主要秘訣，就在情緒上的平衡，以及自我控制得宜時，所散發出來的穩定性，如果你爲錢發愁苦惱，表現出不安全感，別人潛意識裡會發出不安全的信號，摧毀你賺更多錢的機會。

擁有萬貫家財的秘密，就在不需要這麼多的財富時，它們會自然的送上門。當你急切渴望、試圖強迫事情發生，錢通常只會在你面前跑掉，而你不是乾著急，就是拿不到。所以，秘訣就在節流，然後才能賺得更多，如你所願的有錢，而且不會有任何財務問題。

要記得的是，在精神的路上是沒有任何保證的，但如果你有能量，它就是你的保證；一旦你沒有能量，就會變得失去平衡，事情會開始找上門來。

除此，還必須時時提醒自己，千萬不要掉進自我放縱、自尊自大和名利地位的陷阱裡：你在排行榜上排名第幾，誰正當紅而誰又過氣了，誰的人氣最旺，誰有良心而誰又沒有，這些都是「勢利」在作祟。每個人都在爭權奪利、裝腔作勢、吸引注意，那是很恐怖的，這其中包含了多少虛弱、詐欺，為了宣傳自己、互相競爭，竭盡所能希望自己特殊。道家說：

希言自然。故飄風不終朝，驟雨不終日。……故從事於道者，同於道……

大意是說：一直講話並非自然，吹噓的事也會一事無成，因此，心存道者無須躊躇。

我們不必在意別人的讚揚和注目，人並不一定要被認定特別才夠特別，道家非常鼓勵人們退居幕後，站在最低的位置，安靜的等待機會、看待世事。同時，他們也非常崇敬水，認爲水是謙遜和服務的象徵——水養活了眾生，但不爲自己追求什麼，總是往低處流。

因此，人可以像水一樣謙虛，滋養自己和別人，並樂於待在幕後，這樣你才可以不留痕跡，而且不妨礙任何人，自由的進出各種生活情境。

缺點是可以改正的

你不需要富貴財勢或光鮮亮麗的外表，那只會成爲自我本位吹捧、虛假的藉口，造成生活上的情緒重擔。過多的詐騙和注目，還會讓自我本位成爲被寵壞的小鬼，變得難以馴服控制，它會很快的把你拖離「道」，遠離所有的自然和良善。

在它們還沒有害你生病之前，先把這些垃圾丟掉，你不需要它們，你需要的是均衡，以及由此而來的滿足、創意、愛與了解。從這些美好事物中，你會明白靈魂所占的位置，及其中流通著沉靜的力量、感激和神聖。只有這些是眞實的事物，其他的都是遺跡、詐騙和鬼扯，不會長久。

通常人們所渴求的，只會讓我們更懦弱——當你戀愛時，你渴望著另一個人，這樣絕望的渴求，讓你載浮載沉了起來，這往往表示你不可能擁有這個人，而且像這樣令人窒息的需求，會令對方受不了而逃跑。當你渴求生命中的某一個特定目標，用盡感情投注、傾全力推動，可以肯定的是你不會擁有它，反倒把那件事推遠了。

學著控制你的渴望，對自己說：「我也想要有一部新車，可是目前我負擔不起。我已經很富足了；那部新車已經是我生活的一部分，日後等我有能力，或許還會有更好的車子出廠也說不定。」

然後，以一個協調的方式，朝實踐夢想而努力，不要渴望，也不要哇哇叫，每天臨睡或清晨起床前，花一點時間感謝你所擁有的一切，「世界如此美好，小孩又這麼乖巧漂亮，這房子雖然不大，但感謝上天，感謝您給了我們一個安身之地、溫馨的友誼和這些生機。」

趕走罪惡感

也許，你不照著大家的路線走，會被批判爲墮落腐敗，但事實上，讓你覺得罪孽的，其實都是別人創造出來的規矩。

在永恆的「道」中，沒有所謂的高低起伏，也沒有是非善惡。有一種高超的能量，可以讓人自由、表達愛意，也有一種低調的能量限制、控制、操縱人們。但它只是一種能量，在無限自我的恩賜裡，沒有絕對，也沒有批評。

如果你的思考模式，呈現出限制、衰弱、操縱和匱乏的傾向，你碰到的只會是挫折。

原諒自己，並且體悟在永恆的精神層面，沒有什麼是眞正的原罪，只有原諒，只有一種低能量行爲會侵犯限制，和一種高能量行爲可以愛、釋放、啓發、解放人，但只有這些，我們就要在這一生中經歷這兩種行爲。

你可以盡可能的選擇高能量、自由開放的態度和行爲。如果有時候你走偏、失敗了，請記住！你並沒有眞的失敗，你只是走到另一個盡頭。你必須了解這也是學習，藉著一點一滴的經驗累積，你會成長茁壯，找到更好的方法。有時你必須徹底失敗或眞正侵犯其他人，才能夠徹底了解。這是你必須經歷的，因此你可以赦免自己，繼續前進。

自我形象自己建立

另一個影響人類的弱點，就是自我形象不足，來自不可改變的童年經驗，以及接受過的親情。但所有的事都是可以修正的，你可以努力建立好自己的形象，不一定需要治療孩童時期所受的內心傷害，只要你能夠集中心力愛自己，並且利用安靜的時刻做些內在修行，感謝自己所完成的每件事。

如果你嘗試改善自己，提昇你的能量，多做修行，你的自我形象就會逐漸建立起來。

整個從自我到靈魂歷程的重點就在「接受」，如果你不是很有自信，或者缺乏自我形象，第一件要做的事便是接受這點，再來是要克服你的羞怯、罪惡感，並全力以赴，直到你可以對著鏡子說：「這個人已經不錯了，而且還在不斷的進步。」

自我形象的缺點，是你經驗和安排的一部分，你來到這個世界就是要超脫它，這是你神聖探尋的中樞部分。所以，勇敢些，不要受害於你的無能不適，它們只是你的導師，當你克服這一切時，你會更堅強，鍛鍊出屬於你自己的精神觀。

在此，再重申一次，不要受制於你的弱點，不是努力修正，就是完全不理會它，並且集中心力在你的長處。當你這麼做時，你的弱點將會消失，在你的生命中再也不構成任何負面的影響力。

步驟8

你可以無限大

回到數千年前，當所有的部落都還是無知的時候，突然出現如耶穌基督或釋迦牟尼這樣偉大的能量，毫無意外的，這些大師都成了神。事實如此，這些族人自然而然的，會將任何具有——即使是微量——知覺和知識的人奉爲神祇。

現今，我們仍可經常看到耶穌的意識、釋迦牟尼的思想，流進這些虔誠的宗教大師的身上。超感應力、古老格言、奇蹟及所有提昇知覺的方法和現象，在今天依然垂手可得。能量不會消失，只會改變形式，在這個情形下，能量會跟隨我們對自己的理解和信心，不斷擴大而提昇。

宇宙能量等著你來用

西元前五百年，當老子坐在樹下寫他的《道德經》時，他應該可以用電燈照明他的白紙，電一直在那裡，所有的能源都存在，也會永遠存在。好吧，它花了我們二千五百年來發現並利用電力，但耶穌意識的能量，以及所有大師的能量，都是永恆不滅的。

如果你在祈禱或冥想時，開始呼喚這些能量、呼喚你的導師、你信奉的神或是你心中的神力，你便開始接收到這些能量。除非你告訴它，否則它不會知道你需要它——就像電力不知道人類需要用電，它從盤古開天就躺在那裡，蟄伏著。

你和古代那些大師擁有一樣多的能量，你可以和耶穌、釋迦牟尼、老子及穆罕默德一樣坐下來冥想，你也可以感到自己超越今日知識水準，直到不是一般人所能理解的知識，你可以一窺那些集全人類文明的奧秘，與所有的先知並列，並體驗、實驗迄今無人知曉的哲理。

如果你在學吉他，聆聽那些頂級大師的彈奏，在學習彈奏時，想像你就是那位大師；如果你想成爲偉大的足球員，請重複看明星球員的動作，進入他們能量中心。

愛因斯坦、貝多芬、莫札特、牛頓、愛迪生等人的天分、所有的知識能量，都還在那裡，只要你懂得去擷取，它就是你的。

與其視這些大師爲遙不可及的神，不如將這些大師的能量內化，並加以利用，讓自己成爲他們的一分子，和他們靠攏，與奇蹟的力量看齊，在心中感受那股力量，如果耶穌可以徒手替人治病，我相信你也可以。

這是內在神性最教人興奮的地方，接近所有靈感、啓示、智慧、被世人遺忘的知識，重新再造，再與他人共同分享。

步驟9

力量來自修行

當我第一次接觸到道家思想以及無限自我的概念時，只有二十八歲，當時唯一驅使我學習的理由是，我想了解周圍看不到的世界，以及身爲人類潛在的眞正本質。

記得有一天，我在倫敦的普尼街上開著車，行經一座小教堂，不知道怎麼搞的，我停下車，走了進去。教堂幾乎是空的，我在教堂後方跪了下來，環顧四周，就像所有維多利亞時代的建築風格，小教堂雖老舊但非常美麗，一個管風琴師在我上方練習巴哈的樂曲。

自我控制的開始

記得我對自己說：「我是誰？我這一生到底在尋找什麼？我的目標是什麼？」

我靜想了一陣子，終於了解，我要的是知識。於是我打開雙臂，仰望穹蒼，然後向沉默的上天說：我不要什麼光鮮亮麗、權力地位、家財萬貫，或者輕鬆如意的生活，我只要智慧。

那是我生命中最具影響力的一天。

我常在想，人對智慧的渴望，是否大過滿足自我本位的需要？當人和自我本位天人交戰、爭奪生命主導權時，一定要有一定程度的自我修行，否則自我本位會一直取得領導權。因此，你必須了解到眞正的力量是來自修行，眞正的力量、眞正的知識、無限自我和超脫這個物質世界的覺知能力，唯有透過修行才辦得到，爲什麼？

撇開宗教觀，神其實就是一種能量，不會有任何情緒上的反應，也不在乎你到底有沒有整裝待發。因此，如果你不自修，便沒有辦法控制心智。如果你沒有辦法控制自己，你會一直成爲自我心中那個小惡魔的受害者。

因此，你必須著手執行一些能幫助你自我控制的方法。這無關乎你採取什麼樣的修行，只要你有在修練就成了。

讓自己眞的靜了下來

這裡有一些對我很有效的方式，第一個是冷靜沉著的修練。

大多數人不認爲冷靜沉著是一種修行，但在現代工商社會，你必須很努力才能眞的靜下來。行動會給予個性滿足的喜悅，並讓自我本位覺得自己很重要，安靜、沉著和無聲會使自我本位失去力量，並讓你的內心更爲特殊。

關掉電視，拔下電話插頭，播放輕柔的情境音樂，或者保持一兩個小時安靜無聲，如果你眞的忙得抽不出空，起碼每天安排個十到十五分鐘的空檔。

「寂靜無聲」是你可以向內在自我祈禱的不二法門。

在你的冷靜沉著中，很重要的一部分是，你要試著遠離爭執和所有敵對的狀態。當你一直處於與人對立的狀況下，情緒和思考模式會讓你封閉起來，變得自我、難以溝通、難以接受別人的意見。有時爭執是無可避免的，尤其是當你的生活中，有無數社交和財務上的互動時，就像人家說的，架上的盤子是遲早要掉下來砸碎的。但至少你可以盡可能讓爭吵的時間縮短，並盡量不要有情緒上的起伏。記住！當你與別人發生摩擦，你在精神上其實是把自己給往後拉。當你忙著和市場上的摩登原始人爭吵時，你的能量是不會有任何提昇的。

你不一定要愛上每個人，但嘗試與人重修舊好，也讓負面的情緒不再影響控制你的生活。

建立你的生活秩序

另一個我覺得特別重要的修行，是在你的生活上建立秩序。

混亂的環境和亂七八糟的生活，反映出你形而上及心理上的虛弱。如果你有能力，你會主宰你的生活，找出時間清掃，將東西歸定位，將這些工作當作自我修行的一部分。混亂是自我本位不安與懶惰的外在表現，自我本位透過混亂向你施展控制。

讓你的生活盡量一塵不染，保持禪性和乾淨。秩序幫助你建立信心，生命也會因而變得莊重起來。

你也可以自己發明許多簡單而有效的修練方法，做些幫助自己而不是在滿足自我本位的練習，譬如一大清早起來沖冷水澡，黎明前到公園或森林裡散步。老祖先們在簡單、謙遜而豐富的大自然中，動物、風、水、太陽的熱度以及季節轉換、潮起潮落中，看到了上天的恩賜。

不論天晴、天雨，我無視天候的存在，每天晚上都會在森林裡走三個小時，學會了和雨雪爲友，發現如何只用念力保持溫暖，克服對黑暗的恐懼。是我「主宰」了天氣，「主宰」了黑暗，而不是被它們主宰。

美麗的夜晚，我會躺在一顆大石頭上，望著滿天的星斗，呼喚未知，請祂告訴我一些我尚未知悉的事物。每天晚上我都在那裡安靜的走著，發掘我的內心可以發現一些事。神力很酷，祂會給你看一些東西，有些是祂曾經給我看過，有些則是我從不曾了解的事。

慢慢的，從日復一日的森林漫步之中，我學會一種特殊的走法——來自中國僧侶走路的方式，我叫它做「虎步」。不像一般我們走路，先腳跟觸地而後是腳趾，虎步每個步伐踏出去，都要把腳向前點出，用腳掌外側先觸地，而後是腳趾，最後才是腳跟。

虎步非常優雅且安靜無聲，但不容易學。它會讓你走路的時候格外專心，我每天花大約一個小時走我的虎步，而後回家喝一杯熱茶，以一個二十四分鐘的冥想，結束一天的早課。這是我最喜歡的方法，把一天中的每一小時化作一分鐘的冥想。

留段時間給自己

早期我用一個節拍器來幫助冥想；它每秒會發出一個持續振動四到六次循環的響聲，你的腦袋開始配合節拍器的節奏，你的腦速會變慢，開始進入一個恍惚的狀態，不需要做任何努力，也不需要有過類似經驗。

虎步和冥想的重點，在於你保持寧靜的意願，削弱了自我本位的主導權力。自我修練和自我挑戰、自我控制的方法同樣重要，它把你放在駕駛座上，協助你甩掉負面的情緒。

在我修行的方式中，從我靈修一開始，就持續每天的冥想練習；我選擇吃素，一吃就是七年；另外，還走了三年的虎步；同時我也每天反省自己，這一天都做了些什麼。

一天的生命回顧

這些方法是從傳統印度教演變過來，而且是在晚上才做，這包括用心靈的眼反省這一整天發生的事，從上床睡覺開始慢慢倒推回去。不要想太多或者對所發生過的事做太多評論，只要倒帶觀賞即可。

這個練習讓你正視所發生過的經驗，減少作一大堆瑣碎「日有所思，夜有所夢」的需要。這樣你才能注意到生命，注意到它不只是經過你。且藉由一天回顧的生活，可以安撫你的心靈，讓自己在一個純然意識的狀態下入睡，和無限自我做全知的心靈溝通。

如果你心裡藏著一個特定的問題，還可以在夜間回顧的時候把它播放出來，並告訴自己：「今晚我想好好回顧一下這個特殊狀況，請在明天早上以前給我答案。」隔天一早，不論你是在睡醒或者稍晚一點時，新的想法和解決方案就會出現在你腦海裡。

這個過程，讓你在理智、情感、眞實自我與無限自我之間，建立一套更堅固的溝通方式。

看穿鏡中的自我

另外有一種修行（我將在步驟十四中詳細說明），就是不要有所批評或判斷。和爭吵、打架一樣，批評和判斷也會讓你禁閉在自我本位的世界裡，否定你有進入無限自我的能力。

藉由冷靜沉著，你擺脫了部落情緒對你造成的困擾，它同時也能幫助你擺脫個人情緒所帶來的不便。安排一段自我獨處的時間，一段能夠眞正審視自己的時間，如果你從來沒有過，這會是個很棒的經驗。

試試這招：找一個漆黑的房間，點起蠟燭，坐在一面鏡子前，注視著自己，然後目光稍微放低一點，眼睛才不會太累。注視你個體的中心，就是你心臟附近的位置，就這樣安安靜靜看著你的影像反映，盡可能少眨眼睛，如此持續大約半小時。

你可能會發現你的倒影改變了，當你內心深處的感覺，開始從鏡子以外跟你交流，你會看到各種不同的面貌，不斷和你原來的倒影重疊。你將會有新的知覺，如果你使用我建議的節拍器，它會幫助你到達催眠、恍惚的狀態，幻影會出現在你腦海裡，有時候另一個世界會開啓，讓你一窺滿天星斗的宇宙，有時候你會覺得另一個世界從鏡子裡向你浮現，希望你的加入，你只要看看就好，別讓它們嚇著你，很快的，你就會習慣這一切。

鏡子練習、靜默步行以及冥想，開始向你展示這個物質世界、多重空間的眞正本質。

當你擁有無限自我，它會向你顯示一些你從未看過的事物，有時候是一些簡單的事物，如樹葉間的空隙，或者對話文字間的寂靜；有時它會給你看一些重大的事件，像兩個世界間的穿廊，突然間，你會看到朦朧不明的「無世界」，徘徊在吸入呼出的宇宙經驗之間，這就是我們所謂的生命。你個人內在自我和外在自我會進入一個愉悅的對話，之後兩者合而爲一，你的外在現實會因而改變，反映出你內在的冷靜沉著。

生命將成爲你內在自我的表徵，與你和周遭所有事物互動對話的一部分。無限自我就在那兒引導教育你，帶領你獲得越來越多的能源。

步驟10

改善自我的第一步

集中心力，在發掘自我的過程中，占有相當關鍵性的地位，沒有心理上的修養和自制，生命會是一場敗仗。這就好像一輛卡車裡，裝了四十隻到處亂飛的雞，雞毛四處飛散，空氣中流動著騷亂不安的情緒。無論如何，你必須讓你的雞群排排坐，安靜下來。

集中心力是不管你在完全清醒的狀況，還是冥想恍惚的情形下，都必須有的個人修行，在你清醒的時刻，集中心力是訓練自己觀察生命，而不是任由命運擺布的方法。心智是透過人的五種感官，對生命做回應，因此，當有人說了一些話，就會產生不安的心，或表露在外難以察覺的情緒性反應，像是憤怒、快樂、喜悅、沮喪等等。

集中心力就是要訓練自己，不要有過度的情緒化反應，你所需要的是距離感不是參與感，是主動掌握而不是被動回應，你要相信的是生命的答案，而不是起伏的情緒。你要學習成爲一個生命的觀察者。

做自己生命的觀察者

我在研討會上最常用的例子，就是每個人對下雨的反應，大雨是學習如何淡然處之的完美導師。

一般人不喜歡下雨，對它心生反感，面對下雨的時候，常變得脾氣暴躁而不知所措。看著他們一方面要維持過度嚴謹的日常慣例，一方面又要閃避雨滴，眞是一件好玩的事。你可以對雨「有所反應」而做盡所有愚蠢的事，或者你可以「掌握天氣」。

下次有豪雨過境時，不要忘記穿上你最好的衣服和外套，或許再多花點錢做個頭髮，準備好當它開始傾洩而下時，衝出去！不要對寒冷有所畏懼，經歷那種濕，掌握那種冷，感受一下如融雪般濕寒泥濘的黏膩感，對自己說：「我在掌握雨天。」下雨是件再正常不過的事，是一種天賜。你正走在永恆、不朽、無窮無盡的路上，碰到這下得如此滂沱的大雨，那又怎樣？

經由這種掌握雨天的練習，下次你就可以掌握「丈母娘的晚餐」，或者神情自若的與「銀行經理談論帳目狀況」，以及其他讓你緊張不安的情況。

你經常接觸的人，不管是好友也好，同事也罷，讓那些特別令人厭煩、特別難搞定的人際關係，成爲你的導師。當他們讓你不爽或把你逼瘋時，就當是在測試你沉著冷靜的意志力。退後一步觀察，不要勉強有所回應，逐漸的，會發現過去你讓這些人控制你的喜怒哀樂，因爲他們知道怎樣挑起你負面的情緒；當你不做任何反應時，你便獲得自由，也更清楚的認知到，該如何成功的處理複雜難纏的人際關係。

成爲你生命沉默的觀察者，和你自我放縱的看守人，你並不是你的情緒、肉體、性格和它們的自我本位，這些只是你的一部分。

事實上，你是一種神聖能量，經由身體、心智和情緒的複雜性來進化、運作，將自己視爲一個精神上的天使，持續成長學習，以便在無窮無盡中獲得均衡，而現在正在扮演的人類擁有永恆的靈魂。

超時空的感應

一個人必須經由靜思默想，否則無法充分發揮內在無限的潛能，總之，你必須進入內心深處，並刺激你的潛意識。如果你無法注意潛意識如何觀察和解讀外界的訊息，將永遠不會了解事件的來龍去脈，也不會明白內心深處感覺的複雜性，是如何投射在生活上，你也永遠不會眞確的明白，你怎麼會有今天的處境。沒有靜思，沒有內省，你就像是在黑暗中盲目的飛行。

大多數人的生活經驗都只是外在的，他們單純的以自我本位出發。在這種情況下，看到的生命是混亂、痛苦而悲哀的，他們成爲心理的受害者，一味責怪他人，卻沒有想到，其實一切的答案都在他們身上。

他們漠視自己的潛意識反應，以爲這樣就可以自我療傷。「我好害怕，我最好做點事情壓壓驚，吃顆巧克力糖吧，或者喝酒、吸毒等，任何一種可以停止這種惡劣感覺的方法……」但你卻清楚的知道，不能光靠巧克力治療你的恐懼反應，總有一天，你必須從根本發掘恐懼的來源，才能消除它們。

所有生命中未解之謎，在潛意識裡都有解答，只需要一陣子的努力發掘並找出眞相，但這樣自省的過程，會幫助你解開積壓多年的心結和混亂。冥想並不一定很複雜，有些只是打打蓮花坐，或者到廟裡誦經……都可以。

不管哪一種冥想方式，都是知性的過程，因爲它是一種完全不用思考的思考藝術。並不是每個人都適合這種方式，特別是女性，所以，每個人都可以用自己覺得舒適的方式冥想。

在我們討論冥想時，也小談一下腦波吧。在清醒的狀態下，你的腦大約每秒鐘振動至少十四個周波，但這並不表示你的整個腦袋，都在做同一個速度的振動，而是絕大部分都在這個波段中運作。我們稱之爲 β 狀態，亦即清醒狀態。

之後是較緩慢的 α 狀態，這是一種輕微的冥想狀態，直覺的波段和一些超感應力，也就是那種半夢半醒之間，只要你的腦波處於每秒振動七到十四周波，你就是處在 α 狀態。這是一種非常具有更生能力的狀態，可以減輕壓力、增強冥想力，並讓你充分享受心理上的放鬆。

在 α 狀態之下，還有一種 δ 腦波每秒只振動四到六個周波。δ 是一種恍惚的狀態，當你的腦中充滿這種δ波，你只能微弱感覺你身體的存在，而完全脫離自我本位的知覺，成爲一種全宇宙性的心智。它不需要花很長的時間學習，特別是你利用我們先前提到的節拍器輔助。

引發δ狀態是一個絕佳的修行，因爲當你進入深度冥想的狀態，實際上你是在削減自我本位的聲音。

慢慢的，你會開始反對自我本位的想法，你開始學會控制流通的心智活動，觸及你內心深處神聖且充滿靈魂的部分——那個你可以擁有無限自我的地方。很快的你就會發現，你並不只是你自己，而是這宇宙的一部分；你的心智也是宇宙心智的組成分子；這個心智即是上帝的心智，所有存在萬事萬物的心智。

冥想也會開始改變你的生理狀況。你腦袋的化學組合是你心情、感覺和態度的副產品，這是近十年來才發現的事實，以往我們以爲，心情和態度是我們腦中化學反應的副產品，時至今日，大家都知道，事實上我們是透過感覺來改變腦中的成分。

你腦中的化學成分會因情緒而有所反應，因此，一個神經過敏或歇斯底里的人，會逐漸改變他腦中的化學反應，變得更歇斯底里。如果你有一點輕微的神經病，你就這樣拖了一陣子，你腦中的化學變化，也會因而改變你的心情。同樣的，如果你有消極悲觀的想法，也會因化學成分的變化使你變得更悲觀。

若你開始進入眞正屬於你的冷靜沉著、你的靈魂歸屬，你腦中的化學組合會因而變得更冷靜，因多芬開始發揮作用而讓你更快樂，血液中複合酸含量開始改變，使你得到平靜。藉由改變腦中的生理本質，你變成一個完整而穩健的人。

透過每天二十四分鐘的冥想修行，你會開始肯定：「一切都在我的掌握之中，我正在建立自我控制系統，包括我自己、我的情緒、我的想法和我的思考方式，現在是我而不是我的自我本位在掌控一切。」而你眞正的意思是：「我不是我的個性，當然我必得藉由我的個性才能運作，但我不只是我的個性以及它的欲望和反應，我是在觀察我個性的一個無限個體。」

所以，找個怡人的場合冥想，或在眾人仍然熟睡的清晨播放你的節拍器，靜坐下來。剛開始你可能會有些沮喪，因爲你不會有什麼特別的感覺，逐漸的，你會看到一些斑斕的色彩。

隨後會有些具體的象徵出現，進入一個看起來像是另一個世界或另一個空間的地帶，心中也會出現一些文字或想法；但這些並非來自理智的你，而是潛意識向你透露的訊息。

有一個全新的課程將爲你開啓，這很酷，就像又回到學生時代，在你發現自我的時候，會有股莫名的驚喜。

那個超自然的主宰，就存在你的心中，但必須穿越自我本位，深入潛意識，直到宇宙自我的境界，你才發掘得到超自然能量。它會教導你、向你顯示一切事物，有時是一些非常實用的事，譬如你的健康、財務狀況或人際關係上的資訊。有時是一些日常生活中隱含不爲人知的通病，有時又會引領你去了解人類進化以及全人類的命運，或更高境界的知覺，以及你目前所處狀況的解釋。

這是一個雄偉的時代，具有不可計數的創意、變化和可能，你就身在其中。而你決定體驗這個世界，並踏出最具靈性的一步。

透過冥想，你可以釋放自己，但這不是一蹴可及的，冥想是要持續修行的。你不需要每天在同一個地點，進行二十四分鐘的冥想，有時候你可以利用上班通勤在公車裡的十分鐘，或者出差商務旅行的機艙內也行。有時你會忙得無法運用你的節拍器，沒關係，停下車來，在路邊就可以靜坐下來，或在一片田野中，甚至是一棵樹下，只要你能靜下心來。

步驟11

相信自我，就是力量

要你相信自己是感覺的一分子，即使你相信在無窮無盡的永恆中，無法擁有觸覺、嗅覺、視覺、味覺和聽覺，但奇怪的是，你會逐漸學習到怎樣去感覺。你內心中的無限自我，已超越你的潛意識，它比你的個性和潛意識振盪得更快，已在你正常的知覺所能之外。

經過許多年運用節拍器輔助冥想之後，我開始有對另一個世界驚鴻一瞥的經驗。最後，我可以很容易到達那個世界，也可以經常看到那些在急診室中，由死亡關口搶救回來的病患。一旦你清除了所有自我本位的垃圾，便可以在恍惚中看到生死隧道。

那是此端和彼岸的聯結捷徑，在隧道之後是不可計數的進化空間：有些浸淫在神力之中，有些則否。當我第一次看到這些世界的天光時，我完全被征服，從來沒有看過這麼多的美好、和諧，這麼多的愛存在同一個時空。所有我生命中的矛盾在那一刻痊癒，沐浴在天光下。

但我發現最閃亮的，是神光中所透露出的舉世無雙的愛，那不是我們地球上所說七情六欲的愛，因爲神力並沒有欲望和渴求。那是一種純粹的愛，沒有操縱或要求回報，那是現存最美的愛，毫無條件，並且無所不在，沒有愛憎癡怨的情緒化反應或價值判斷。我第一次看到那樣的愛時，極端的喜樂，似乎一瞬間，世上的萬事萬物都有了更深一層的意義。

感覺一下你是個巨人

神力無限的愛是一種不爲自己或你，而是一種尋求特別結局或結果的力量，但你可以把祂引導到你心中，並進而利用祂將你需要的一切傳送過來。這不再是一種強迫接受、不帶感情的愛和光，而是你將能量推廣出去，讓人們得以變得更堅強、更自由。

但首先你必須內在化這分神力，如同我在第一階段所述，你必須擁有你的目標和夢想。

如果說你想賺更多錢，但沒有辦法將那種感覺內在化；如果你覺得匱乏，卻不能表現得很富足；如果你沒有親切慷慨的精神；如果你不夠開放、不夠熱心，那麼宇宙的定律會讓你所散發出來的冷淡、拘謹反映到自己身上。所以，你不會比目前得到的更多，而且你已經擁有的一切還會慢慢減少。

也許在你自我本位的眼光，或你所處的經濟和社會現狀，你都算不上是個大人物，但那沒有關係，只要你開始覺得自己是偉大的，比生命還偉大就對了。

藉由這種想法，你會散發出一種自信，站得比別人高，不是經由強迫推銷的態度、伶牙俐齒的對談、引人側目的宣傳標語和愛現，也不是口頭上的貧嘴毒舌，而是以你目前的能量水準來看有價值的能量。

想像一下，你是一個三五百呎的巨人，橫跨你的家鄉，那些日常生活中的細節，都變得微不足道，你已經超越了，不再爲這一場小雨而困擾，不再在乎職場上一些人給你找麻煩，也不在意郵局櫃台員擺張臭臉給你看，不在乎路上超車插隊讓你過不去的爛車。

你不趕時間，因爲你是永恆的，你比這些凡事俗務還偉大，你已超越個性，超越心智。

自己已擁有未來

在自我本位的世界裡，你的時間是一條直線——昨天、今天、明天；在無限自我的世界裡，未來就是現在，這也就是爲什麼你現在必須相信自己，必須相信你心中有力量是如此重要。如果你正朝著一個目標邁進，以你心靈之眼看待這個目標，努力向外發散能量，覺得它存在你的感覺之中，存在於現在。因此，如果你想要一部新車，你不能將這個意念懸盪在遙遠的未來，這對你的感覺是很難理解的，你必須現在就感覺到你已經擁有那部新車。

因此你必須相信、必須感覺，當事件遙不可及時，你是沒有機會完成夢想的，理智會告訴你：「我們不可能辦到。」如果富裕是你的目標，開始感覺你其實是富裕的。我曾在書中提到，進去一家五星級豪華大飯店，即使你沒有錢，找一家全城最奢侈浮誇的店，坐下來，慢慢啜飲一杯咖啡。不需花費太多，只是要你感受一下那種富貴的氣派，和那些衣香鬢影的百萬富豪共處一室，坐在大理石建造的酒店裡，成爲這一切的一分子。

就是藉由這種進入你感覺所在的情境，事情才會發生，進入冷靜沉著，冷靜沉著才會擁抱你。不要在意你現在的生活一團糟，你可以在困難重重時依然保持冷靜，沉著的解決難題。你必須感覺到你的無限自我，即使現在你完全在個性和自我本位的淫威下受苦受難，仍必須在身無分文的情形下感到富足。

這聽起來很矛盾，但當你一開始感覺，你的能量會因而提昇。

你在嘗試著前進到另一個境界，離開、揮手說再見，到你感覺中的另一片天地，了解並相信那兒有無限自我在引導你。記住，你不需要知道你長期要到哪兒去，你只需要知道下一步要踏到哪裡。

像在修練一樣，每天對自己說：「我是永恆的，我是全宇宙性的，我是無窮無盡的，我就是這樣的我。」當你說這些話的時候，注意你的身體產生共鳴——在你的個性、自我本位和心理上。

而後，你會以無盡的時間來看世界，當你不再考慮有限、禁制，當你擺脫限制、遠離操縱，你會越來越不干涉別人，讓人們隨心所欲。逐漸的，無限自我就會出現在你心中。

你必須了解，神力——那個流通萬物、不可置信、絕妙無比的力量，它不會侵犯任何人，不會跟任何人混在一起，而是讓你自己走入人群。你可以隨心所欲的裝傻，老天爺不會出現來告誡你：「聽著，小傻蛋，現在就給我好好表現。」

當你準備好，能量就在那兒了。

你心中的無限自我也是這麼一回事，它早就準備好了，只要你能擁抱它，讓它成爲你的一部分，其實也就是讓你自己成爲它一部分的方法。因此相信是很重要的，相信奇蹟，相信你這段歷程的正確性和神聖的本質，試著在隨處都能看到美好、富足的一面，持續向冷靜沉著和神力所在靠攏，遠離那些爭論衝突和醜陋的一面。

告別限制，迎接溫暖的情調，神力的溫柔和風，會如浪潮般在你生命中起伏，讓神力的宇宙本質流動。

只要你相信你已經具備能力，而且本身就是能力，你便能跨過門檻，到達另一個世界。

步驟12

相信自己做得到

將你的話變成鐵律是很重要的。你的心智已經習慣於破壞一些它根本不想遵守的誓約，你會告訴自己要做這做那，結果什麼也沒做。你答應星期六要付錢給朋友，要不你壓根兒忘了，要不惡意放他鴿子。

爲你所說的話，對你自己或對其他人建立威信是很重要的，因它本身會變成你對自我本位發展出的主導權的一種肯定。如果你對自己做了某些承諾，就要切實執行，別對自己輕許諾言而不去實踐，若你不能也不打算實踐，就不要對別人許下任何承諾。聖潔點，誠懇些，一個沒有榮譽的生命不如不要，除非有必要，否則不要犯這樣的錯誤。如果你不確定能否貫徹到底，你可以言辭閃爍：「我不確定耶，一星期後再和我聯絡。」人們已經習慣這樣做了。

藉由看重自己的承諾，你也在發展你的力量。聽起來很簡單，不是嗎？多數人並不習慣將自己的話變成鐵律，而習慣像漣漪一樣逐漸擴張消散，情況與之不合即刻逃避。這只會讓他們更虛弱，因爲他們的心會知道，其實他們只會說大話。

別說做不到的事

當你不斷自我用功，你的能量會運作得更快，我就常說你所發散出來「心理—身體—靈魂三合一」的總能量，是一種振盪，一種移動非常快速的能量。

我選擇每秒振動二萬次周波，來代表一個普通人在機械式規律生活中的振盪。目前尚未出現一種足以測量或量化一個人振盪速度的科學方法，所以我以一個抽樣的方式，選擇這個代表性數字，就當它是一個標準數字。如果一個普通人每秒振盪二萬次，那麼，一個剛開始修行的人，或許就會每秒振盪二萬五千次，一個非常進化、有強烈個人光芒的人，就會每秒振盪五萬次。你或許會想，一個超越這些而得道的人的能量，大概每秒至少有十萬次以上。不管你如何量化，你都是這個肉體中振盪的波動。

當你對自己用功修練的同時，你的集中力從世俗離開，注意到內在無限的靈魂，你的全部能量也會提昇得越來越快，你實踐生命的能力，同樣越來越瞬間可期。在每秒二萬次的水準，一個人可以有個想法，幻想一下甚至想像一下他們到底要些什麼，多少年過後可能會實現。一旦你的能量開始快速運轉，你所有的想法和感覺，都會快速的變成事實。

要你將所說的話當作金科玉律來實行，是要你能了解保護自己能量的必要性，以及伴隨而來的責任，所有你散發出來的，就是將來你要回收的東西，因此你必須小心，不要以輕率的方式，運用你的思想和感覺。

這個行爲改造的一部分工作，是要求你不要輕許你不能保證的承諾，不要對你自己說：「我要戒掉吃巧克力。」結果一個小時後你又坐在那兒，享用一整盒巧克力。如果你對貫徹始終沒有信心，那就別立法則，當你有萬全準備要放棄巧克力時，你會做到的。對自己做一種約束，對自己立法，並從頭到尾實行它。

把你的話當法律一樣遵行，你會見到立竿見影的功效，做所有事都不費吹灰之力。但你必須說你眞正想說的，所以，要謹愼選擇你的遣辭用句——要果斷整頓好你的思想和感覺。如果有什麼垃圾闖進你心裡，趕快抓住它並改變它，所有事情都有轉圜的餘地。

不要太八卦，不可胡說八道，不要淨談論你自己，發揮你沉默的力量，聆聽別人、談論他們。別做無謂的承諾，不要同意做任何早就知道你不會貫徹始終的事。在言語上自我約束謹慎，別太臭屁，別自吹自擂，別誇大不實，只說你認知範圍內真實的事。

其次，和自己真誠的交談，換句話說，不要聽信你的心智告訴你的垃圾。當你告訴自己：「我說了就算！」等於建立起你對心智的主導權和統治權。

強化心志的練習

這兒有個練習，能讓你強化你的意志，並幫助你。在戶外花園或公園中選擇一個地點，隨便哪裡都好，找到十二塊大石頭。告訴自己：「我要在每天清晨七點一分時，如典禮般莊嚴的搬運這些石頭，連續一個禮拜，每天十五分鐘。」然後搬起第一塊石頭，慢慢走過花園，把它放下來，彎下腰對石頭說：「謝謝！」然後再穿過花園，搬起第二塊石頭，再把它搬到另一頭，放在第一塊石頭旁邊，如此來回穿梭，直到把所有石頭都搬到花園的另一頭為止。然後休息一下，再把第一塊石頭搬起來，重新搬過整個花園，把它放回原先的地方，直到把這十二塊石頭又搬回到花園這頭為止。

這看起來像是毫無意義的運動。沒錯，就是要讓它毫無意義。當你的心智會問：「為什麼要把這十二塊石頭，搬到花園的另一邊？」告訴它：「這是啓發靈性的好方法！」

你在強化你的意志力，發展你的個人律法。你的心智喜不喜歡這個想法，或者這個練習有沒有意義，都沒有關係，重點是要在你意識的境界中，成為一個發號施令的立法者。你可以說：「這是我的命令，每天清晨七點一分，連續一個禮拜，我要施行搬運石頭的儀式。」這樣的運動，不僅對你建立修養自持與主導能力有所影響，也有助於你克服心智所遭遇到的不適。

心智當然不會喜歡搬石頭，特別是在下雨天，這些行為牽涉到勞力，而且超過常規。在這裡，你藉由躺在床上打發掉不適感，而不是順從自我本位的如意算盤。

定下一套修練方法，就像這個搬石頭法，然後持續七天。你需要看到「你說了就算！」的能力。

如果你不住在花園附近，可代之以搬運一百本書上下你的書架，並且每搬下一本就順手撢撢灰塵，每天清晨七點一分整，或者隨便你愛訂在什麼時候，持續七天。

在你建立「我的話就是法律」的想法時，你也在改進實現生命中願望的能力，你會了解到，當你有些想法或感覺時，在心理或言語上表達出來，它們會在你的生命中實現，因爲你有能力將意識化爲實際。

想到就做得到

自我本位的功能，在於將你和其他人做一個分別，藉由創造出一個心理和情緒上的距離來定義你。當你逐漸邁向無限自我的同時，你會脫離自我本位的世界，進入內在能量的境界，這不單純是你一個人的內在能量，而是我們這個世界上芸芸眾生，以及全宇宙萬事萬物共有的能量。藉由這樣的「加入」，你能夠將所有的事物向你集中——利益、機會、創意、可能性等，你會將它們出其不意的，從遙遠的地方聚集到你生命中。

就像現在一樣，自我本位生活在有限的三度空間裡，所以必須汲汲營營、尋尋覓覓，經過好一番掙扎，才能強迫事情發生，它需要的是把自己推銷出去。與其這樣強求願望實現，不如將整個世界視爲你內在的一部分。

當我說：「站起來，當個大人物！」要的是你有一個寬宏的胸襟，擴充你的心思、你的感覺，結合所有的事物。如果你是無限的，你將無所不在，就是要這樣無所不在，才能無所不爲。當你無所不爲，並經由你的無限自我與萬物間的相互連結——要實現任何願望都將輕而易舉，你只是在索取不同部分的你自己而已。

當你想知道你的能量振盪得有多快，只要注意到願望實現的速度，那會告訴你，你的能量到底加速了沒。當你接受這種修行方式，要當心留意你所求的事和所說的話，既然你說的話都是法律，絕對不要想或說一些嚴厲、邪惡、醜陋或難以愉悅人的話，也不要用類似「不可能」、「憂慮」、「困擾」、「有問題」等說法。

你的問題都不是問題，只有挑戰，以公正客觀的眼光看待它們，修正你的行爲，對自己說：「我覺得自己好偉大，我是永恆的、不朽的、宇宙的、無限的，我覺得富足。」當別人說：「你不覺得這裡好醜嗎？」你可以回答：「不會啊，你看，那邊有隻小蜂鳥在花間徘徊，這不是很美嗎？」

整頓一下你的思考模式，別言而無信，特別是你自言自語的時候。

步驟13

讓自己更自由

現在我要你藉由遠離抵抗、遠離束縛依循的機械生活以及群體心理，發展一個眞實、個人的靈魂進化。這是淡化處理情緒過程的延續，藉此你可以平撫你的渴求。

我們處在群體中之所以會不舒適、追求短暫的快樂，卻從來不曾感受過內心眞正的永恆狂喜，因而放縱自己，毫無感情的用能讓自己高興的狀況和事物滿足自我，全是因爲自我本位缺乏安全感在作祟。你知道的，給它東西並不會讓它覺得安全，只是暫時使它分心。你買了套新的餐具，很興奮，但幾個禮拜以後，它們又被收到碗櫥後頭，乏人問津，而你又開始計畫下一次該買什麼好。

這就像一個永遠不停轉動的「不合適」車輪，而自我本位就在那上頭發牢騷、呻吟、哀歎，不斷的渴望事情有所不同。

我們的社會充滿向別人呼救，要別人替他們解決困難、提供些什麼、讓他們快樂，人們不喜歡爲自己的生存和安全擔心，他們要別人來保障他們的安全。但這樣做只會讓他們失去自己的力量，把造成痛苦的責任推給別人——家人、朋友、公司、政府，這個過程就叫「責任移轉」。這一切只有自我本位在不斷叫囂著，要從它自我造成的煩惱中解脫自由，這也就是爲什麼人們要說這世界是醜陋的，因爲他們一輩子都注定要活在自己的痛苦中，永遠不安。

追求快樂是自己的責任

要超脫到無限自我優雅的美好，必須負起自己的責任。一旦你這麼做，會發現你所受的苦，其實是來自你對生活狀況上的反應，而不是來自狀況本身。改變你反應的方式，從發掘這個地方、這個地球、這個生命以及自己的美麗開始，了解和信任這個世界是美好的，社會和人類文明的現狀，都是我們靈魂個體永恆進化所表現出來外在的結果。

了解並相信你一切都好，滿足於現況，滿足於自己。如果你有所不滿，你將帶著永遠不滿的狀態到無限自我，永遠感到沮喪、憤怒等等。

因此，「接受」是你淡然處理集體情緒的結果，並了解到你不是你的情緒，更不必爲任何人的情緒負責。當他們表達憤怒、恐懼和沮喪的情緒，那都只是自我脆弱的反應。

如果你有所不滿，那就像你有個永遠搔不到的癢，你必須正確的感受這些現況。在屋子裡漫步時說：「這是對的。」在工作時說：「明天事情可能會有所改變，但現在這樣做是正確的。」在你的心靈漫遊一番，想像所有的情境都是正確而神聖的，明天或許有些變化，但現在一切都是如此完美。你生活上的狀況，都是你想法和感覺的外在表現，你要從這些現況中學習、感謝它們，而不是與它們爭鬥。

當你不再自我交戰，當你能夠接受一切原本就該是這樣，你就獲得了自由。每天三五次如此告訴自己：「事情就該是這麼回事，我接受。」

你需要的不是完美，而是進步。所有事都是可以逐漸改善的，在此之前，事情就是這樣。一旦你能接受一切，你就被釋放，完全的自由，因爲你不再受困於情緒，不再自我爭戰。你不需要和狀況纏鬥，可以努力去改善，也不需要浪費能量去反抗。謙虛可以在任何引起你反應的情況下，尋求解決之道，而不是情緒發洩，但請先接受現狀。

一旦你釐清了狀況，就只剩下兩種選擇——贊成或反對，發生或不發生。如果你去不成球賽，那就去看電影，如果兩者你都不想做，那就回家休息或冥想吧！

改變看待世界的心態

世間沒有所謂的「絕對」，那是你的心理在做決定：「這一定要這樣做，一定得那樣，一定要在八點十五分或八點五十分做好，那一定要是粉紅和藍色的，人們一定得接受我，以我要的方式對待我。」好比說你借了一台割草機給鄰居，你想：「我把割草機借給了他，我是一個善良的好心人，所以，我應該有權在下個周末借他的摩托車用用。」你就這樣有所期待。

但你向他借摩托車時遭到拒絕，你覺得憤怒。但事情就是這樣，或許他本來就不是個慷慨的人，或許他對你不信任，那你只好聳聳肩走開，對自己說：「騎摩托車是很好，但現在看來我只好坐公車了。」

對世界滿意，將它視爲永恆，並了解你不需要和現況搏鬥，如果你不喜歡這樣，大可離開。一般而言，改變是需要很多努力的。你或許試過你的親朋好友，因爲他們是最難改變的人，你必須愛他們原來的樣子，無條件的愛就是完全的接受。

如果我完全無條件的愛你，我會接受你，如果你完全無條件的愛我，你也會接受我。如果雙方善良的對待彼此，那很容易做到，但如果我對你很壞呢？或者你對我很差呢？那你必須是個心胸寬大的人，即使別人那樣對你，你也不深陷在情緒之中，這是一個試驗。

你要記住的重點是，除非你淡然處之，否則你永遠得不到自由。所以，就讓生命照它原先的方式進行吧，事情不就是這樣嗎？如果需要，每小時這樣提醒自己七次。

在道家中有一個廣爲流傳的故事，「塞翁失馬，焉知非福」：一個農夫的小兒子跌斷了腿，村人趕緊跑來慰問：「哎呀！天啊，怎麼這麼不幸，你兒子摔斷腿，這下子沒人在田裡幫你幹活了。」

老農夫回答：「是福不是禍。」第二天，朝廷的軍隊進了村子，到處抓壯丁充軍，那個斷腿的孩子因此留了下來。

又有一天，老農夫的馬翻籬跑了，村民又來慰問他：「你的馬跑了，可眞是不幸啊！」

老農夫又說：「是福不是禍。」兩三天後，跑掉的馬自己回來了，還帶了十幾匹野馬跟著牠。

這會兒，村人來道賀了：「眞是幸運啊，你的馬帶回來十幾匹的野馬。」

他又回答：「是福不是禍。」

記住，在道家思想裡，沒有所謂的長短、冷熱和好壞，如果你是那樣定義的，那麼問問自己：「好，是和什麼比較算好；壞，又是和什麼比較算壞。」

一旦你淡然處之，接受一切，你便獲得了自由。

步驟14

感覺這個世界真好

當我們對別人批判和評斷時，我們為事實下定義，並把自我本位牽扯進來。如果沒有黑暗，光線不可能存在；如果沒有邪惡以資比較，善良不能存在。因此，所有的事都是比較性的，《道德經》第二章就說：

天下皆知美之為美，斯惡已；皆知善之為善，斯不善已。故有無相生，難易相成，長短相較，高下相傾，音聲相和，前後相隨。

想想，如果你不批判、不評斷，你會說的是：「我是無限的，我讓人們以本來面目示人，我對個人進化毫無所悉，所以對人所做所為無從判斷其善惡好壞。他一定會選擇一個我不會做的方式行動，但我不會訂下任何規範，要他一定要這樣或那樣做。」

不去批判

不侵犯別人，就表示不要干涉別人，他們如果沒有要求，就不需要給他們資訊，他們如果沒有要求，你也不必太雞婆給他們解決之道，不要管別人家的閒事。

也就是說，如果他們願意，讓他們繼續白癡下去，直到他們高興，這跟無限自我容許你自願性的白癡一樣，不要批判。

當然，有些情況是人家要你來評估一件事，但是非關人身的判決。假設你是一家公司的人事主管，你要從眾多應徵者中錄取一個，這就不是在批判一個人，而是在評估一個情形、評估應徵者，選擇其中比較適合的一位。這中間有一個分別，不是批判，而是評估和選擇。你不是在批評千島沙拉醬，而是選擇了法式油醋醬；選擇不是批判，而是在不牽涉到情緒或負面回應的情況下做選擇，這和批判有很大的出入。

當你和別人交往的時候，讓他們依照個人的本性去發揮，或者你不喜歡你所看到的，走開就是了；或者盡你可能，在不侵犯別人的情況下做些改變，通常是透過一個好例子來啓發改善；或者以溫柔和藹的態度和他們談，問他們一些問題，引導他們用自己的知覺和意志，逐漸找到更高的境界，並允許他們隨心所欲，選擇他們想走的方向。

如果你具有影響力，你的一句話可能會把一個人的生命，引導到一個完全不同的方向，甚至改變一個人的進化。你又不知道他們要什麼，或者他們內心的靈魂自我做了什麼決定。他們可能需要高能量，但或許他們現在需要的是低能量，這樣日後才能自己體會什麼是高能量。

讓我們釐清批判和觀察之間的差別，批判會牽涉到你的意見和情緒，並針對他人的言行舉止做評斷；觀察則只是對你或其他人看得到的事物做評論。因此，你可能會注意到某家餐廳的服務有點慢，一個小時才上一道湯，你並沒有針對某個人批判，只是在觀察所發生的事。

逐漸的，你學習不要太量化所有的事，你是要去經歷人生，而不是去定義生命。如果你去看一場電影，而你又開始在量化一些事，和你的朋友共同討論一下，或者將你的想法放到一個小盒子裡，你對它的知覺就會有所改觀。

感覺用是來體驗生命的

有一天，我在費城街上走著，那天冷得要命，而我只穿了一件襯衫和牛仔褲。我想起數年前學過的一種冥想，想像你心中有一把火，你讓那火不斷擴大，隨著你的呼吸進出，它會溫暖你的身體，因爲你想著火而覺得溫暖。

於是，我就這樣舒適溫暖的在街上漫遊。和我一起散步的朋友不禁問：「你不冷啊？」就在他問的那一刻，我心中的火熄了，又開始冷得要死。費城有時候眞的很冷，那天就不知道是零下幾度，除此之外還颳著凜冽的強風。就因爲他把現實體驗加諸在我身上，「你應該感覺很冷的」，我就眞的感覺很冷，在那之前我可是很溫暖的。

所以，你要很注意，你不必評比或強迫別人，避免說：「這道菜相當棒，那道菜難吃死了！」你只管吃。一道不甚可口的菜餚，不應該造成情緒上的不悅，那是一道恩賜，讓你了解並感激怎樣才是風味佳妙的好菜，幫助你做抉擇！

一旦你不再定義或量化，才能專心經歷這些事物。你不再將生命放進一個小盒子，不再妄下定義，你脫離了自我本位時常令人沮喪的世界，進到令人愉悅的狀態，與無限自我產生共鳴。

「我是生命，而且我享受生命，我不認爲生命有所謂的高低冷暖乾濕，它是中立的。看我在掌握雨天，我沒有情緒性的反應，正在經歷快樂，我不像摩登原始人一樣歡呼，或者興奮得死命搖晃吊燈，我只是很單純的感受喜悅」。

我常在世界各地往來飛行，喜歡在候機時坐著觀察來往的旅客，你也可以試試這種練習，到一個熙來攘往人群聚集處，一個購物商場、機場或者類似的地方，坐下來觀察，但不是以理性思考的眼光，而是以內心無限自我的眼光來觀察他們。因此不要對自己說：「那件衣服眞漂亮，那個男人好高，那個小姐眞矮，那個小孩好可愛，不是嗎？」不要加進評語來瞎攪和，只要單純的觀察。

你不妨在購物的時候練習個十五分鐘，將發現這會改變很多你的感覺，突然間，你會對周圍的人產生同情慈悲，進入他們內心的靈性、內在的無限自我。你會對一種歸屬感、愛的感覺和一種關懷他們的感覺激起共鳴，享受他們壯麗的本質和他們的人性。

這是一個很有趣的修行活動，因為你只要觀察，就可以學到很多關於人的事。一旦你不再批判，一個更高境界的知覺就會往前進一步，你開始接觸到他們的內在眞我，觀察關於它們的一切，一些一般情形下你無從察覺的微妙資訊。

在我三天的「野火」研討會中，我把學員們帶到一個小鎮，讓他們接觸來往行人微妙的能量（靈氣），我想告訴學員們的是他們知覺的高超，來自於他們個體之輕，經由一些大氣的知識和簡單的小技巧，他們的知覺在短短兩小時內躍昇好幾倍。經由接觸、知覺、不批判，人可以知道更多扇通往另一個世界的門。

你可以自己做到，試試看，想像你有一隻無限延伸的手臂，把你想像的手掌很快的伸進周遭人們的心裡，摘下那人的一個分子，想像一下把那枚分子拿回來，你有什麼感覺？認知到了什麼？這個人是誰？問問你自己，這個人的情緒是什麼？一點一滴，一旦你累積一兩百個這樣的實驗，你的知覺會變得很靈敏，最後你甚至不需運用心力來接觸人，只要看那麼一眼，就知道他們了。

記住，不要批判、評斷，試著不要去量化事物，只要體驗生命就好了。

步驟15

因為我沒有，所以我擁有

無所堅持是件困難的事，你只是一個寄居於肉體裡的無限能量，所有圍繞在你身邊的事物都不屬於你，而是無限富足的實質表現。因此，你的名單、豪宅、華服都是租來的，沒有一個是眞正的你，當你離開這個世界，不帶走一片雲彩。

當你太在意「有」的同時，你提高了「沒有」對你的影響，因爲你受到「你所擁有」的定義而受到限制，除此之外，所有的事務都成了「沒有」。

你以能量的型態來到這個世界，擁有一副軀體，並努力賺錢維繫肉體的生命，但這和賺錢來獲得安全感是兩碼子事。世界上沒有足夠的錢，讓自我本位完全感到安全，這也就是爲什麼全世界的百萬富翁們，還是如此汲汲營營，有時還會因需索無度而喪失他們原先擁有的。這一方面是權力，一方面是安全感的追尋。

賺錢的主要目的，在於購買經驗，金錢的功能不在擁有，而在運用。在你死前，要把你的銀行帳戶歸零，回顧以往告訴自己：「天啊！看看這些傲人的經驗。」因為你所有的回憶都永恆不滅，你這輩子所做的一切，都在你永恆的記憶中。因此，你要做的就是不去沽名釣譽、汲汲營營，這只會讓你精神緊張，讓你保持在貧乏狀態。相反的，你要以一個「經歷人生」的觀念來投資自己，你是真的在自我投資。

其實我真的一無所有

從擁有和未曾擁有的迷思中釋放自己。如果你有什麼價值連城的不動產，那很好，但你並不需要這些不動產來控制牽絆你。又如果你買進一部拉風的跑車，聽起來很帥，但事實上你要常常保養它，給它保險，成天提心吊膽，你究竟要為它付出多少能量？你一天到晚擔心有人會去踢它的大燈，它就這樣箝制了你。

因此，只有你不堅持擁有什麼，才能得到自由。這道理也可用在你的人際關係上。如果你給別人一點空間，他們通常會永遠留在你身邊。

相反的，如果你對於「什麼是我的」的認定越強烈，越貪求榮華富貴，到最後你會什麼也沒有。如果你銀行戶頭裡有一百萬，但你的生活卻被金錢控制，最後死於一毛不拔，那又有什麼意義？你越是透過「這是我的」的情緒去自我防衛，越感覺空虛匱乏，也越與你心中的無限自我絕緣。

如果你回到家發現音響被偷了，你要說：「哦，他們是衝著音響來的。」而不是因此焦躁不安，音響只是又回到物主（神力）那兒去，現在換成是別人租用了。如此，舊的不去，新的不來；或者你從此不再購買其他音響，如此一來，你有安靜的時間去冥想，思索你到底是怎樣的人；或者你這一生到底在追求什麼，你會想到並告訴自己：「我非有個音響店不可。」於是你開始著手努力，終於你開了一家音響店。屆時你可以說：「看看這許多音響，它們是我的，但我並非完全擁有它們，我是從神力那兒租來的，我要把它們賣給像我一樣，要跟神力借音響的人，多麼神奇的運作系統啊。」

一旦你了解世事無常的道理，你越無欲無求，擁有的也就越多。這反而更好、更平靜，你更可以眞正的享受一部美美的新車，爲你帶來的便利，不必一天到晚坐在那兒窮緊張，只要盡情享受新車的氣味，一路踩油門，想著這有多酷。

人們認為「擁有」就等於「安全」，大部分你所擁有的東西，就像你為了使你覺得安穩，而釘一根釘子穿過你的腳，牢牢的固定在地板上。但你所有的一切，有一半根本不值得擁有，因為它們為你造了一座監獄，它不是一望無際，供你盡情奔放的牧場。

開始了解你其實一無所有，你才會得到自由，因為此時你已是一切。如果你界定自己「是什麼」，相對的你就「不是其他的」。所以不要有所堅持，盡情享用世間的萬事萬物，心存感激，讓它們自由流通，你才會得到自由。

如同我所說的，這一生中我經常旅行，我有兩只旅行皮箱和一部手提電腦，這對我來說已經很多了。

我在一個國家待六個星期後離開，到其他的國家待上三個月離開，然後再回到第一個國家，再待個兩個禮拜……最後，我的一輩子就在那兩只皮箱裡，我可以看著它們想：「哇，眞酷！兩只皮箱，一隻手剛好可以提一只，如果我有三只皮箱可就慘了。」

我不窮，我的前妻和朋友們因我致富，我在銀行裡還有剩下些什麼，我用它來創造更多的能量。很奇怪，我曾在澳洲風馳電掣的騎馬，但因爲我在那裡沒有房子，所以不能常常去。在一次離婚後，我保留了一幢房子，我不住在那裡，但也沒有把它租出去，房子對我而言太過固定，但我一年還是會去住上幾個禮拜。

這眞的很有趣，那幢房子中蓋了許多地板門，還有牆壁間約數百碼的秘密通道。房子的確是蓋得神秘有趣，但不夠神秘到讓我願意待下來。我對不動產一向不甚熱中，負擔太大，而且會把你累垮，政府也很容易找到它。沒有比在銀行裡有很多錢，用它來創造能量、購買經驗更棒的事！

無所堅持，因爲最終你會覺得擁有一切只是個幻想，其實你什麼也沒有，你只是向老天爺借來的。有一天，老天爺還是會把它都要回去。

步驟16

信心是自己的事

無限自我的能量，沒有人可以了解它的邏輯，因爲它不是任何標準可以衡量的。如果你想向任何人展示或向人解釋，那你得到的並不是它。它是無聲無形的能量，需要心領神會。勇往直前去實踐，不需要確認或觀察，更不需要太費力。但是你不能駕馭它，否則這個能量會變得邪惡，讓你沉淪到一個灰暗的命運。

你不能成爲能量的展示員，否則你會要求更多的能量，以及因爲自我本位的眼光，要求更多的觀眾。如果你沒有落入必須要有觀眾，觀賞你的靈性、聖潔、善良等等這些陷阱，那麼你就可以隱身，擁有無限的知識、無限的能量和無限的善良；當你走在街上的時候，沒有人知道你是當代最偉大的得道者。

你可以常存心中，不必到處尋求認同，更不用去保護防衛能量，能量是不能保衛的。因此不要和人爭論、不用討論，也不用談論你自己，保持一點神秘感，不要告訴別人你所走過的路。因此，從現在開始，你必須學著將你所知的一切內化，並因此內化你的生命。

你不需要來自外界的肯定

當你將能量內化的同時，你不能死抓著能量不放，必須讓它在你身體裡，有如一道金風般流通，而你絕對逃不出它的掌握，即使你有所知覺，也要大智若愚、保持緘默，這樣能量就會加倍再加倍。

所以，不需要自我防衛，之後也不要自我解釋。當人們問道：「你在做什麼？」你只需笑笑，什麼也不必說。在你自衛、解釋的同時，你也在道歉。當你決定以神聖的方式過生活時，並不需要向任何人道歉，也不需要為了想靜靜的從自我本位走向神的懷抱，而對人有所抱憾。

如果你踩了某個人一腳，當然可以說：「對不起，踩到你了。」但我想說的是，你不需要為你的修行或信仰道歉，也不必為你和一般人不同而道歉，因為一旦你開始實行這三十三個步驟，你的能量會非常快速累積，你也會很快脫離日常生活中的單調平凡，創造不同的行爲模式，你對世界的觀感和你的生命都會因而改變。無限自我會教導你一些書本上學不到的知識，你會開始運用一般人無法運用的靜默的能量和更高境界的意識。

然而，一旦你將自我本位牽扯進來，認爲自己好得不得了，這時候你就不會再進步了。因爲你已經落入自我本位的地盤，造就一些觀眾和支持者欣賞你，並說道：「她是不是很行啊？他是不是很厲害啊？」這是自我本位最需要的，但在無限自我的世界裡，這些一點價值都沒有。將能量內化並守衛著，不需自我防衛，不用道歉，也不用向任何人解釋什麼，只要安分守己，做自己該做的就好了。

步驟17

憤怒解決不了什麼事

持續自省的意思是，你無時無刻不受自我本位的知覺、特性、渴求和欲望控制，你的心理也不會讓你接受新的觀念。

因此，持續自省是要你對自我本位負面和具破壞性的能力有所警覺，注意你的談話內容，不要在對話中出現負面的能量。小心並淨化你的感覺，當你覺得快要發瘋了，先退一步，放輕鬆，利用一段時間，一個人好好靜下來，回歸自然。

分析自己的情緒，並盡快找到問題的癥結。

避免生氣和憤怒是相當重要的，那就像對你精妙的能量投下一顆核子彈，把你震回原點。所有的憤怒都是來自失落感，因此當你生氣時，與其經歷一場情緒危機，破壞你的能量，倒不如說：「等等，我需要淨化一下自己，並守衛我的能量。」

你到底在氣什麼？

問自己一下：「我到底失去了什麼？」你可能失去了一些有形的物質，譬如你的愛車，也可能失去一些無形的事物，譬如一個機會、工作或友誼。或許你失去過能量、安全感、地位，亦或是你必須放棄一些使腦筋空白的活動，而自我本位會抵抗。但一般來說，當一些事物從你的生命中消失，是宇宙定律要釋放你，讓你免於物欲的控制，因此大部分你失去的東西，都不值得再尋回。

爲了要淨化自己，你必須花時間和自己相處，過濾並了解一下你的感覺，負面的情緒便是你的自我本位在做抗爭。

「我的動機是什麼？我眞正的感覺又如何？」深入了解這些問題後，你會需要一些身體上、情緒上、哲學上以及精神上的生命修行，以期能夠控制你的自我本位，扭轉那些在你耳邊叨絮不休的負面心語。

淨化是維持你內在的能量，保留並守衛它。得道者愛惜羽毛，只有傻子會留下來打鬥。當然，如果有人以實際身體行爲向你挑釁，你可以自衛，但通常最好的自衛武器就是一張嘴，因為你可以解救自己於許多情況。

你的第二武器就是你的腳，即使你受盡屈辱，你還是可以跑掉。有許多人就是因為自我本位強烈的憤慨，強迫自己參加爭戰，並因而受到不必要的傷害。

在精神訓練時，我在新墨西哥州的山上開課，我們在清晨四點鐘起床，練習武術，目的不在攻擊傷害他人，我們只是要學習，以便與更強的能量有所共鳴，並因而產生自信，當然也會有健康和減肥的效果。這很像中國的少林武術，道教也有傳統的武術，並成為他們文化的一部分，武術讓你感到強壯有能力。

如果你能對強勢的態度產生共鳴，便永遠不會是個受害者，掠食者挑的是虛弱的獵物，而不是一個堅強沉默的人。

淨化自我也表示你必須持續提高警覺，不要把自己帶到會浪費能量或是墮落的淵藪，因為你現在正在修行。

如果你的朋友是一些痞子或無賴，不要批評他們、要愛他們、觀察他們，釋放他們，然後走開。

淨化就是在觀察哪些有效，哪些無效。通常百分之八十的財富來，自你百分之二十的行爲，你會有一些高品質的行爲爲你帶來收益，但剩下的百分之八十行爲，則純粹在做愚蠢的事來讓你開心，或假裝你很忙碌、很重要、很積極，但實際上對你並沒有太大的助益。

你可以說：你心中的無限性是非常美好而且非常重要的。你不會希望將你的能量浪費在一大坨爛泥，你也不會希望浪費能量在一些只會減低它的地方，像失調的行爲、飲食問題、酗酒、吸毒……等。當然，你可以在生日或一些派對上狂歡暢飲，但要有所節制，而不是通宵達旦、讓你的能量付諸流水。

記得之前我所說的，你的能量流通得越快，你一生中的經驗和知覺也會越偉大，但同時，你極有可能會從高峰上跌宕下來。所以看好你的能量，並且不要讓事情失去控制，如果有事情看起來快要出狀況了，盡快修正它，做一些具有正面意義的事情，來讓它重新導入正軌。

步驟18

了解生命本身的美好

當你了解並愛人，當他們是你的朋友時，尊重他們是很容易的；但是尊重陌生人就有些困難了，要去尊重一個有些冷酷的人非常困難，更是一種挑戰。

如果你以有限的眼光看待這件事，眞的會嚇壞你！但如果你以無限的眼光看待這一切，那些痞子無賴只是在學習，如何和他們的自我本位打交道，或許這些人會對我們的社會造成重大傷害，但他們也有無限的靈魂，在自我本位所造成的傷害之上，還是存在著內在神力的火花。

因此，尊重生命，指的就是以中立的立場尊重他人。你不需要委屈自己去迎合別人，甚至不需要憐憫同情他們，你可以讓他們自生自滅。但至少盡你所能的尊重他人，特別是當人們對你很壞，或面對一個反社會分子時，你要能以德報怨，並給予尊重。這表示你必須放棄自我本位的一般反應，而以無限自我的愛爲出發點，廣結善緣。

當然，尊重萬物還要包括對動物散發愛和關懷，除非必要，絕不要傷害牠們。

尊重生命有它自己的樣貌

「尊重生命」是要你變成一個心胸寬大的人，把你心中的愛散播給每個人。如果你要以一個內在無限的方式生活，就要對每個人都和顏悅色，就像這是你的天性一樣。對人有禮貌、尊重別人，並且不要在言辭上或心理上歧視任何人。

任何形式的歧視，如種族歧視、性別歧視等等，都是不合邏輯的。歧視來自於自我本位的自大傲慢，用以掩飾其不安和恐懼，因爲我們對不習慣的東西會感到害怕，所以我們傾向相信這個團體比那個團體更危險。歧視也來自於自我本位的自視重要，相信自己的同胞比其他民族更重要，或更好、更有創造力、更爲社會所接受。

我們所在的世界，是一個令人驚喜的混合體，存在許多邪惡，也有很多人在默默進行著，從自我本位進化到性靈的歷程。

我們還有無限的時間去進化，你是無限而永生的，你會很有耐心。如果你很有耐心，你就可以寬宏大量並了解到事情最後都會解決，而且人們會越來越善良。

以靈性的眼光看待生命，會讓你有自發的「人性」。「人性」是裝不來的，一旦你不再只談論自己，不再愛現，不再希望成為眾所矚目的焦點，不再喋喋不休吹捧你的成就，不再爭著要到最前列，你的人性就會油然而生，無需造作。

自我本位不是只有肉體上的暴力，它也會對你產生情緒上的虐待。自我本位喜歡傷害別人，貶低、輕視別人，攻擊並使別人不好過，因為它自己過得也不好。尊重生命的一部分，就是在控制自我本位心理上、生理上以及理智上的暴力。

不要把人當垃圾，儘管你知道他跟你說的是愚蠢荒謬的事，或者他們能力所及，就是無法解決困難，你還是不能輕視他們。試著建立他們的信心和能力，說：「這個主意真的不錯，雖然你可能要做一些細部的修正，但我還是祝福你，希望這樣行得通。」

當你進入內心的冷靜沉著，藉由冥想、禱告、反省或修行，你會開始欣賞神力的偉大，這其中存在著多少的愛以及神力，有著無可描述、莊嚴華麗的權威。

尊重生命就是要你了解這點，以及這其中的美好，盡你全力，別讓自我本位對你造成任何傷害。尊重空氣、水、土地，尊重大自然的靈魂、地球的美，以及這世上我們無法看到的空間。尊重自己，藉由尊重，我們可以產生體貼和愛，學到關於我們自己的事。

步驟19

改變的契機自在心中

一個得道者，不需要凡事強求。你會發現讓生命順其自然，一切會變得更容易。一旦你發覺內在潛能已更加精練，了解到這分力量確實存在，你將能把所需的一切視爲生活的一部分而淡然處之，你只需採取一貫的行爲模式便可達成目的。

如果你想與某人調解某種情勢，你不需奔波往返，只爲當面對質。你可以在精神層面解決該問題。想像一個協調會，將其召喚至心中與你面對面。說出他的名字，將其吸入胸腔，閉氣，再將其吐出，同時將內心的光和熱投射到那人身上，如此重複十一次。當你重複吸納吐出、散播愛意的同時，你便可化解僵局。下次當你再遇到那人，你會發現他已經變得不一樣，或者你已經不再那麼在乎他。

不需要強求

你必須了解，當你一有問題，因應及解決之道都存在我們心中。你不需要強迫事情發生。你越不需要強求，便越肯定你內在能量的存在。這個事實不僅使你不需在競爭下掙扎，且因內心的平靜沉著和心領神悟，而成為一種生生不息的能量。

你必須了解到力量就在那兒，你可以移動它，可以投射愛意、解決困境、明辨是非。你可以佇立在寂靜無聲中，將能量如燈塔般移動，開始想著要消除你生命中的掙扎。

假設你的問題來自於財務，請從本身做起。大多數人認為要解決金錢問題，就是要賺更多錢，但事實上，要解決財務問題，是要你能控制你現今所有的薪資水準。

如果你一個月只有兩萬塊錢可以過日子，就必須想辦法不會花到兩萬五。如果你一個月只能賺五分錢，即使你能控制好你的自我本位，卻仍然要花到七分錢，這似乎沒有多大意義，因為你還是會有財務危機。

如果你的財務失調，你必須靜下心來，平撫自我本位，告訴它：「我們不需要這些東西，我們不需要豪華的公寓、拉風的跑車，我們只需要先將一切控制好。」如此一來，我們就不用汲汲營營，去尋求生命中不需要的東西，我們可以重新得到平衡。

當你了解到內心的力量，那分了解便得以持續增長，因爲你開始以內在的方式行事。每一次的成功，都給你灌注更多的能量，面對下一次的挑戰，你也知道可以將你所需的一切聚集到身邊，你只要想像、專心致力，並深具信心。

步驟20

眼底的世界可以不同

道家思想裡有一個很重要的概念叫「無爲」，主張在自然界和在生命中，都有一種自然流動的能量，只要我們能跟隨這股潮流，不去理會心智作祟，讓所有事物停留在自然的最簡形式，以便能在時空中，毫不費力展現其本質。

讓我引述《道德經》中的說法：

持而盈之，不如其已；

揣而銳之，不可長保。

水盛在任何器皿裡，不能太滿，滿則溢，不如在滿以前就不再盛。刀磨得太利，就容易折斷，無法長久保存。

道家學說就像其他學說一樣，特別崇尚自然簡單，他們的人文畫上，只有幾筆簡單的線條，光影濃淡，沒有什麼瑰麗的色彩，但你可以在他們繪畫中、那不著痕跡的優美和簡單裡，了解無爲是什麼，並在他們輕柔的寧靜中，體會道家藝術的眞諦。

無爲的本意，是指待在廟裡長時間打坐冥想，據說這樣什麼都不做，就可以悟得一切。

說得明白些，無爲就是自絕於你同胞的情緒分子之外，亦即你不再屬於你的集體情緒，自絕於自我本位的欲望和挫折，而由自信、優雅和安定的心，產生身心一致的光芒。

世界是內心的產物

如果你想向人強迫推銷你的產品，不斷要人家買這買那的，這些是「爲」，屬「陽」，是主動出擊，壓迫別人。相反的，退後一步，抑制你的自我本位，就是「無爲」。

如果業務員一走進店裡，就開始滔滔不絕的老王賣瓜、自賣自誇，這樣會讓顧客開始產生戒心，心想：「他到底想幹嘛？」於是，他們會升起自我保護意識。

聰明的業務員，會在心理上採取比顧客更低的姿態，並保持沉默，讓顧客自己發問，主動提及業務相關資訊，如此一來，顧客將不再有戒心，透過閒談的聊天中，不知不覺就把產品推銷出去，反正人們一直都很喜歡討論自己，特別是男人，他們喜歡談當年勇，那就讓他們去吧。而且藉由顧客滔滔不絕的談論，你可以發掘他是什麼樣的人、有什麼樣的需求，你的出擊成功率將高出許多。

「無爲」就是觀察事件的潮起潮落，並在生命中採取低姿態的作爲。這聽來有點矛盾，因爲在此之前，我曾不斷要你認爲自己比生命更偉大，但這會兒又是怎麼回事呢？其實，我只是要你把「比生命更偉大」的念頭只放在內在感覺。

在理論上，你必須採取低姿勢，也就是說，以自我本位的說法，你必須低聲下氣，壓抑自己，迎合別人的需要、顧客的要求，而不是你自己的需求。藉由這種態度，你更能看清別人心中的想法，很快便能了解人們需要什麼。而了解人們的需要，正是一夕致富的秘訣！

這兒有個例子。如果你的身體生病了，與其情緒化的反應，不如冷靜一下，了解你生病的原因何在。首先你得集中精神，思考並感覺一下，你要怎麼做，才能重新修正到原來的均衡狀態。「不健全」是「陰」，有時候他可以幫助你了解到，怎樣平衡生命中的「陽」。大部分人生病是因爲太多活動，「陽」燒光了他們的生存能量。

一旦你承擔生命成敗的責任，便可以了解到「失衡」的深層意義，你會想要探索內心，以了解造成這些失衡的原因何在。亡羊補牢的醫療，並沒有太大的積極意義，反倒會消耗你很多能量，最重要的是，你必須深究「失衡」的根源，知悉所有事情都是可以改善的。逐漸的，你的外在生活會根據你新的內心想法而「相由心生」。

所以，無爲就是了解，不必強求。當人們一窩蜂向前衝時，你反而要考慮，是不是該急流勇退；當他們用跑的時候，你不妨用走的；當他們大聲疾呼、想要引人注意時，你必須保持鎭定。如果你對你的需要並不汲汲營營，沒有人可以鼓動你，你有的是時間。一天告訴自己數回：「我是均衡的，我擁有的是全世界的時間。」

你所看到的外在世界，眞的只是你內心的延伸。一開始這並不容易理解，然而，一旦你能掌握這個理念，它可以省卻你很多不必要的忙碌與煩惱。

每個人都有需求，這沒有什麼不好，這就是人性。要注意的反倒是那些說「我什麼都不要」的人，因爲當他們這麼說的時候，通常表示他們眞的很需要一些東西，只是把它們隱藏起來而已。如果他們眞的不需要任何東西，根本用不著說這句話。

一般人所要的不外是認同和尊重，他們需要被宣傳、被讚美，需要被視爲是個好人，尋求觀眾和贊同。他們需要你的背書，幫助他們覺得更安全。記住，所有人在這個現實的世界上，全是庸庸碌碌、避免死亡和傷害的威脅，這是自我本位最主要的功能。這個死亡或傷害指的不一定是肉體上，而是生活步調、想法觀念，甚或是一些習慣的消逝。

「無爲」是以一個不同的方式看待事情，向內在探索。

因此，重點在於「拉」，而不在「推」，在「爲」與「無爲」間取得平衡，這是你如何「無爲」的方式。

步驟21

讓生活更有意義

一旦你接受內心的無限性，生命將變得神聖而莊嚴。但在自我本位的世界裡，沒有一件事是神聖的。因此，尊重萬物和你的生命，並以神聖的態度過生活，肯定你的靈性，肯定你願意爲無限自我奉獻一切的願力。

你要如何將一個事物變得神聖？只有在你集中心力的時候，它們才能變得神聖。

因此，想要生命從此變得神聖，很簡單，只要你在浴室裡看著鏡子中的自己說：「你是神聖的。」而後，你便能從容、愼重，而有企圖心的做一些神聖的事。

集中心力，激發生命的火光

參加一些祭典和儀式，把它當作修行的一部分。它是一個神聖的修行，集中精神、牢記不忘「愛」的存在。你要把心力集中在自己，愛自己，集中心力用神聖的態度做事，並教導別人。

一旦你將生命視爲神聖的，只要擁有那種態度、一個屬於自己的空間，一個小小的房間，甚至是房間裡小小的角落，就已足夠，就滿足了。把你內在自我放在你所選擇的這個地點裡，而後在每一天表現出你內在自我的神聖，以及對這個地球的神聖。

從這分神聖和人性中，你會自然而然對老天爺心存感激。

依循神聖的方式過生活，你便更接近無限自我，在你所做的每一件事中尋找眞理，對所做的每一件事全力以赴，於是，你的生命變得更爲有意義；你的生活也變得充實而滿足。

步驟22

創意就在你心中

在這人世的旅程中，除了維繫生命的動作與人際關係外，還有一個目的，那就是你必須「表達」和「創意」。

創意是個很大的挑戰，因爲它會要你挖空心思去發掘內在深處。然而，只要你擁有無限自我，便能接觸到前人先賢的創意能力。

創意的華麗是無限的，就像莫札特，儘管他早已入土爲安，但帶給人的感動卻依然存在。你可以隨時想起並汲取那些能量，如果你需要，你可以研讀他的生平，傾聽他的曠世鉅作，而後藉由對他天分的熟悉和了解，進入冥想狀態，並祈求與他的靈感相契合。

一旦你知道創意是無限的，你就可以將自我本位貶到一邊，讓細微的想法和感覺在心中流通；迎向不可能，並以一個完全不同的方式來表達自己。

傾聽你的感覺

創意並不局限於繪畫、音樂、藝術或文學，任何事情都可以發揮創意，不管你選擇什麼方式表達，都是創意的表現和流露。

如果你想創作，把你所需要的各項工作都聚集在四周，而後坐下，但首先要控制好你的自我本位，因爲你需要秩序和寂靜，也需集中心力，豐富的創意靈感便會自你心中浮現。

創意是內在的能量。一旦你克服了對創意的抗拒，便能靜下心來創作，你會感到十分有趣，因爲你變得多產且具原創性。把你的理智擺到一邊去，呼喚你的感覺，要它給你原創性和嶄新的想法，甚或一個老舊的思想，但是你可以用一種全新而不同的方式表達。

總之，創意是我們來到這個世界的主因之一。想想看「我要創造些什麼？」而後憑感覺實現它，只要你把自我本位趕出去，你就會有源源不絕的創意。所以，組織好自己，有創造力，靜下心來，感覺一下哪一條路適合你。

創作是一種將美感和內在自我表達出來的修行和方式。尋找、觀察然後嘗試，

總之，去做點事，你會對你所能做的事感到驚喜。

步驟23

從自然裡找到自己

當你生活在這世界上，你必須不斷運用你的能量，才能扮演好你身處的所有角色。當你開始覺得無聊、厭煩或受困時，就表示你已經用完你現存的所有能量。所以，常保新鮮、給生命漆上不同的色彩。當你看到你身邊的能量逐漸消逝，改變一下原有的軌道，讓它重拾朝氣與活力。

觀察大自然也是一種方法，因爲大自然是人類最偉大的導師，它始終不斷的在動、在流通。我們的山林曠野，孕育了許多自然之美，教導你什麼是靜默、美感和人性。

不妨隨季節調整你的生活節奏；冬天不是一個重新開始的好契機，在冬天，你要轉而向內，思考、改良並做好準備，直到春暖花開，你又可以從太陽、繁花、潺潺流水和新發嫩芽中吸取能量，了解現在才是發動新計畫的最佳時機，而把你的能量都移到春天來。

大自然是最好的人生導師

藉由觀察並取法自然，回歸到你內在的無限性。大自然並沒有所謂的死亡，這也就是為什麼動物世界會如此純樸而美麗。一隻小動物會在牠脆弱的情況下，產生暫時性的恐懼，但一隻母牛不會坐在牧場上，苦惱牠的帳單如何，母牛就是母牛，就這樣活著，吃草踱步，靠在樹下乘涼；這是一隻母牛的永生，也是地上徐徐爬行的小動物們的永生；牠們沒有自我本位，也不會有死亡的概念，所以無憂無慮。

我們可以在大自然中，學到沉著、平靜和安全感；在不斷流動、變換中，學到穩定。只要你盡可能回歸自然，就會從大自然中學到很多。你可以試試我的方法，也就是連續三年，每天就清晨四點鐘爬起來，在漆黑的森林中靜走，如果你沒那麼有興趣，先試一個禮拜，但要注意並跟隨地球自然的律動，如果你黎明前即起，便準備好處在一個寂靜的能量之中。

在你觀察和學習自然的同時，必須持續不斷的整頓自己，更新內在的自我，發現哪些是該改善的，哪些需要更多的能量。如果你的友誼已經岌岌可危，那可能是因爲你根本沒有投入任何能量，不妨打電話約他出來喝杯咖啡，爲打破僵局付出一些能量。

我的導師兼朋友，丹尼斯林有個小小的生活規範，所有你未曾用過或處理過的東西，也就是你半年內碰也沒碰過，或在未來幾個月裡你也不會用到的東西，丟掉它，或把它們送給人。讓你的生活周遭只存在著充滿活力的事物，你碰觸、喜愛並保存的東西，或你正在使用的東西，其他的用不著耗費你太多的心力，你得把自己從這些負擔中釋放出來，如此你才能保有簡單的生活。

看看那些飛鳥，牠們沒有堆滿雜物的車庫，牠們過得如此簡單卻又滿足，牠們早上醒來絕對不會想：「今天該怎麼辦？」牠們就這樣到處飛翔，這裡啄啄，那裡啜啜，大自然會提供牠們所需的一切。

你要了解，這世界存在著無限的富足，讓你的生活井然有序而不複雜，讓它簡單而有秩序。

步驟24

沒有什麼事可以困擾你

一旦自我本位有其考量與需求，就會覺得事與願違，產生煩惱和情緒上的憤恨。所以，少一點絕對，少一點意見，控制你的情緒和欲求，就能消除生命中百分之九十的煩惱。當然，這中間我們最需要去除的就是——對死亡的恐懼。

存不存在有什麼關係？

每個人在清醒的時候，每小時都會浮現一兩次關於死亡的想法，這不局限於肉體的死，如人際關係的消逝、生活規律的消失……各式各樣的改變，都讓人感到害怕。

當你擁有無限自我時，你的內心是自由的，你能夠接受生命的流動性——今天你在這兒，明天你不一定還留在這兒——而免除生命中大多數的煩惱。

死亡又有何懼？

我希望你做擴充知覺的冥想，想像你飄浮過大氣層，直飛外太空更高更遠的地方，再回過頭來看看地球。透過你的心眼，將地球向前推進，看看你腳下的地球，想想在兩百年後它會是什麼樣子，你雖不在那兒，但你依然觀察得到它。

這是一個相當有力的訓練，當你看到地球不停運轉、進化、新生兒誕生、事件發生、社會的竄起和崩落、有愛、有傷害，而一切如常進行著，即使你未曾參與。當你觀察你未曾參與的世界，你可以了解當你不存在時的進化狀況，最後你會以無限的眼光，看看你的存不存在，其實對這世界並沒有什麼差別。

以更高層面來冥想，你會了解到，總有一天你會離開這個世界，死亡有什麼好畏懼？

你甚至可以和死亡做朋友。再進一步深入你的內心世界，你會發現，對死亡的負面想法，其實就像一個無聊的頑皮鬼，到處搗蛋、找麻煩。和死亡做朋友，了解它、擁抱它，這是你可以把它擱下來、毫無抗拒的接受它的唯一辦法。

未知真的那麼令人不安？

害怕改變，有一半的原因是未知的恐懼。現在，你將進入不需要知道一切的狀態，因此你如果不知道死後會有什麼感覺，沒有關係，在生命還沒開始前，你不也不知道生命是什麼樣子嗎？你只要接受，排除不安全感。這是自我本位設下的陷阱，要你認爲死亡是恐怖而生命是値得嚮往的，但沒人知道這是對是錯。

一旦你排除死亡的不安全感，它會讓你對各式各樣的改變都甘之如飴。沒有一件事會永遠不變，一旦了解事情眞的在改變，這改變是要幫助你，用來解放你，帶領你到另一個地方，另一個更高層次的能量。

人們對能量一直很感興趣，因爲能量就是生命，能量是唯一的安全感來源。當你創造能量的同時，你也爲自己創造生命；如果你爲別人創造能量，你便提高他們的安全感，讓他們備感平安，他們也會因此對你有善意的回應。

通常人們會對死亡噤若寒蟬，自我本位便利用這個弱點，讓人產生無限的情緒低潮和煩惱，藉以維持它的生存權利。

你要習慣「地球上沒有你」的這個觀念，對自己說：「我接受我在這兒，也接受我不在這兒。這中間並沒有什麼不同，因爲不再有高低起伏，沒有生死，只有我內在永恆的無限性。」

從邏輯的事實解放出來

當你從自我本位中超脫，拋棄所有理智邏輯，你不會再在乎任何事。只有心智會想要長生不老，也只有它會害怕。要知道，在無限自我中，你不會死，你現在也不會比你死後更有活力！

如果你有過靈魂出竅的經驗，你第一件會注意到的事，便是你的生命竟然是如此輕盈。發展這生命的輕盈吧！當個靈魂，而不是愚蠢笨重、生理的自我本位，以輕鬆的心態看生命，要有責任感、有秩序、有紀律，但無須嚴肅過活，切記，要笑、笑、笑！記住，嚴肅是自我本位的病態。

當你遇到特別嚴肅的人，他們不是過度自大，就是缺乏安全感，或者兩者皆有之，並經常為理智所害。通常他們會相信自己理智的聰慧，人們也會認為他們很優秀，他們的知識學養的確令人印象深刻，但逐漸的，理智無處可去，他們會對世界的改變不知所措，無以為繼。

愛因斯坦在二十五歲那一年，就把他一生想要發明的東西都做完了，而後終其一生，他都在做無謂的追求，追求他永遠找不到的第五力量——統合的力量，最後他悲苦的死去，無法靠理智更接近他親愛的上帝。

發生在這些超人氣、有學識而嚴肅的名人身上的是，這些人把他們的理智奉為上帝，逐漸的，他們的智能受到限制，沒辦法突破，因為，理智的發現力和理解力是有限的。

把這些心智丟在一旁，並對自己說：「理智，在你平衡銀行帳目時，看起來挺機靈的。但你不是上帝，你只是一個心智而已，而你這一生中所能發現的事是有限度的。」

單靠理智，忽略了靈魂，你將會把自己推向停滯。

一旦別人對你的評價不如你所預期，你就會感到愁苦、憤怒、沮喪，甚至運用你的高等知識層面去攻擊別人，當然，不是所有的人都吃你這套，有的人會以防衛機制反擊回去，使得情況更形惡化。

唯有接受眞理事實，埋葬自我本位和自大傲慢，才能跳脫這一切，回歸自然靈性和無限內在，超越來去，超越生死。

步驟25

你不是唯一的

當你的能量開始攀升，開始解放生命中的垃圾，朝無限自我邁進，你將會成爲導師，也許不會站在講台上授課或寫書，但無論如何，你還是會以範例、以能量來教導周遭的人。

你可以教導別人，因爲你懂「道」，懂得「耐心」，懂得「爲」與「無爲」的藝術。

當你成爲老師，我要你注意，自己是眞的發自內心去教導，就像一個寬宏大量的人物。

做一個好老師

在你成爲導師時，請注意你的能量，不要操縱比你弱的人，利用你的知識去嚇唬人，讓他們將力量和金錢都奉獻給你，這是不對的。

眞正的教導，是從你內在寂靜的神性、寂靜的力量以及知識，貢獻出你的心性，教導人們重建信心，並確定日後他們會更自由。記住！你不能把他們「撿起來」，因爲如果你把他們「撿起來」，他們的小小腳就都會在空中懸盪。你的姿勢要比他們低，成爲他們的支撐，把他們往上推，並發掘他們眞正想要的人或事。

以事實、能量和人性教導，而不是用威勢來控制別人，讓人心生畏懼，更別企圖傷害任何人，因爲在修業的道路上，人們會變得特別脆弱，格外的信任他人。

這時，請你也尊重他們的這分信任，如果你正躊躇於這些規範，先原諒自己，並答應自己日後要做得更正確。

步驟26

生理也需要修練

我相信現在的你一定能體會，邁向無限自我不是簡單的修練歷程。靈修的路是艱苦的，你能對自己要求多少，全憑個人自由心證。一開始你必須有很多的修練，因爲心理是很固執的，之後你就可以不必那麼辛苦，因爲只要你能管得住心智和情緒，對你內在的無限性有很強烈的感應，到了這個階段，修行就不需要那麼刻苦了。

生理修行的重點，是在了解身體是你內在無限性的外在表現。隨著你的能量提昇，你要成爲你自己的治療師。

了解你的身體

了解它、照顧它。你的生理修行，不僅在治療你的身體，更要使它重生，並提昇它吸收你所創造出能量的能力。你要讓它準備好接收能量，也需要藉此平撫情緒的不安，和達到控制自我本位的目的。

第一步是必須知道、研究你的身體。在研討會上，我曾要求學員們把手放在他們脾臟的地方，在場有一大半的人，不知道自己的脾臟在哪兒，更離譜的是，有個女人把手伸到耳後去了。如果你不了解你的身體，不妨找本人體生理結構的書來研究一下。

而後，你需要進行一些「營養修行」。控制你的自我本位最簡單的方法，就是不讓它產任何的物欲。在這裡，修行指的就是採用一套吃得少、但保持鹼性的飲食計畫。碳水化合物、脂肪和蛋白質都是酸性的，可是人的身體並不需要過多的酸性食物。

事實上，一套完美的飲食計畫，必須包含80％的鹼性食物和20％酸性食物，但如果你的工作很耗費體力，你就要調整到30％酸性和70％鹼性的比率。「鹼性食物」指的就是那些無法滿足自我本位的食物，像是蔬菜、水果，都是極佳的天然鹼性食物。

你要做的，就是開始降低身體中的酸性指數，讓身體維持在健康的弱鹼體質中，當能量提昇時，你可以成爲自己的治療師。

生理修行的重點在於，如果你可以保養好你的身體，打理出一個生理規律，你的能量就能以最快的速度上升。

但在此必須提醒你的是，一旦徹底採用這種飲食法，會讓身體變得過於純淨，而對所有的不良東西都起反應，對煙、油漆、防腐劑、色素和食物裡各式各樣的化學合成成分過敏，對整個人生過敏。要改善這種情況也不難，只要偶爾吃一次垃圾食物就好了。

「生理修行」可以幫助我們在冥想的過程中，讓我們的身體活潑、有朝氣，並治療它。隨著能量的提昇，細胞會更有力的振動，達到事半功倍的效果。

斷食可活化你的身心機能

另一個控制自我本位的好方法就是絕食。當我一開始靈修，每隔九個月就會絕食兩天。從第三年起，我把每次絕食的時間延長到五天，直到現在，我依然偶爾絕食。

絕食的美妙之處，就在於它能平撫你的心智，進食會使你的自我本位感到安全無虞，唯有絕食，才能教自我本位安靜下來。

你有好多種絕食的選擇，但這不是要你完全不吸收任何養分，你可以選擇「果汁絕食」，而且你得喝大量的水。事實上，絕食眞正的好處，就在於你喝進大量的水，而水能幫你解毒。或者你可以喝蔬菜汁。我就喝一大堆的蔬菜汁，特別是那些含有高單位鉀的蔬菜湯。我通常用馬鈴薯、豆子、洋蔥等熬煮、瀝出的湯汁，在絕食的時候喝。

當然這也是個減肥妙方，雖然絕食期間你會每天減輕一磅，但你重新進食後，體重很快就會恢復過來。沒關係，它的確可以讓你的消化系統稍微輕鬆一下。

如果你的消化系統有些小毛病，絕食會是治療的好方法。如果你從來沒有絕食過，試著先絕食一天，用一種很神聖的方式對自己說：「我要在星期六絕食。」挑周末或不上班的時候絕食有一個好處，因爲你可以自己一個人，也可以趁此良機接近大自然。

你可以試著先絕食一天，休息個一兩個禮拜，而後再絕食個兩天，然後一年內慢慢做到一至兩次的五日絕食。如果你有血壓或血糖的毛病，最好先請教醫師，依照他們的指示，選擇最適合你的方法。

一旦你停止進食，你的身體就會開始吃自己，而且它最先吃的就是身體裡的渣滓。如果你覺得身體失衡，最簡單的方式之一就是絕食。當你的身體開始吃渣滓時，心智也會安靜下來，你可以體會到你的身體眞正需要些什麼，你會知道你缺乏哪些維他命和礦物質，以及你身體內的毒素存在哪兒，你可以自己找到需要的藥方。

當然，如果你的病症嚴重，最好還是聽從正確的醫療建議，不要只是絕食。如果需要，可以多加利用現代科技，但你身體裡大多數的日常小毛病，都是可以「自療」的。

步驟27

不讓情緒失控

人們即將失去控制，自我本位的恐懼，將主導人們的每一次呼吸。修行的目的，在於讓你和共同情緒有所距離，並發展屬於你自己個人的眞實情緒；不被「匱乏」的情緒所困，也不被自己的情緒所陷。

記住，當你察覺有負面情緒產生時，你要立刻在它剛萌芽的時候就斬草除根。極端負面的情緒，就像一顆核子彈一樣，從你內在的能量中爆發開來，你得趕快取得平衡。

所有情緒都來自自我本位對生活不盡如其意的抗爭，這其中大部分則來自「困惑」——無法確定所選擇的道路是否正確，該不該？要不要？所有困惑又都來自提出問題，你一定是有所問，所以有困惑。如果你想解決人生所有的疑惑，那麼請簡化你的生活，用最簡單的方式，問最少的問題。

就像憤怒來自失去，你一定要失去了什麼，才會感到憤怒。所以當你覺得生氣時，不妨靜下心來想一想，你到底失去了什麼？至於沮喪，則來自你的理智，想把所有的事情塞進既定的時間和狀況裡，試圖將你的生命擠進一個安適、但不一定合理的架構中。

如果你沒有足夠的時間做你想要做的事，那就是你失控的前兆，缺乏底限設定的表現。你必須設定好底限，取消一些你選擇好要做的事，減少一些你的義務；你必須先退後一步看，才能重新掌控一切。藉由消除一些最不重要的事，並保持在舒適而合理的行爲中。

問問你的感覺、你的心

「工作狂」也是自我本位的一種病症，通常來自自我形象的不足，要求你要有極度的成就以贏得贊同。別成爲一個追求名利的怪物，先去追求生命，盡可能做你想做的事，並有所節制。

如果你正經歷著情緒起伏的時刻，先問問自己：「這件事對我有什麼意義？」

你可能會說：「我覺得很不安，因爲我想我可能會丟掉飯碗。」好，停一下，回頭想想，你現在能做什麼呢？你發覺工作出了些狀況，下一步該怎麼辦？採取行動！而不是情緒化的逃避現實，像一個被嚇壞的小孩一樣逃之夭夭。

當你面對逆境時，迎向你的感覺而不是逃避，把「面對狀況，我要向前挑戰，而不是撤退逃避」寫下來，重新考量一下所面臨的狀況，而後採取行動。

當工作碰到問題時該怎麼補救？你可以和誰談談如何做好準備工作？你該怎麼改善你的績效？你該做什麼來克服這個難關？首先你可以創造更多的能量，但如果這也行不通，最糟的情形會是如何？你被掃地出門？你必須另尋出路？但這也可能是整個宇宙在幫你從一個愚蠢的工作中釋放出來，爲你開啓另一扇新門，讓你找到更有創造力和獲利空間的事做，不是嗎？

或許，經過審愼評估後你會發現，該是換工作的時候了。或許你在同一個工作做太久了，這很糟糕，因爲你和每個人都混得太熟了，失去對彼此的尊重。如果你不注意，很多事都會變質，很多時候你必須離開，重新開始，讓人們看看嶄新的你。

你是流動的，不要忘記這一點。提醒自己，無限自我是動感而瞬息萬變的。不要讓自我本位掌控你的情緒，它才能保持在不斷改變和非全知的恆常狀態。

步驟28

意識你的生命流動

在道家思想裡，他們尊崇「弱勢」。書中有個很奇特的理論叫「樹大招風」：彎曲多節瘤的樹並不美觀，對木匠也沒有任何助益，所以它們能活個千百年；瘸子不必上戰場，也不被要求有什麼表現，因此瘸子和彎曲多瘤的樹一樣被尊崇著。

《道德經》說：

曲則全，枉則直，窪則盈……

委屈的反而可以保全，彎曲的反而可以伸直，低下的反而可以盈滿……

如果你沒有很多理智，你是自由的，因爲從自我本位到性靈的歷程，亦即從理智到感覺的進程。在一般情形下，男人常用許多理智而鮮少憑感覺，所以他們的歷程是要走出理智，進入並超越感覺，直到形而上、靈魂知覺的世界；女人一般說來比較倚賴感覺，因此她們眞正的歷程就在平撫這些感覺，並超越不安全感。

生命是一場多變的喜劇

我們活在一個本質不安的世界，卻被要求要有安全感。就像我們的社會對女性和男性的要求如此的不同；男人是外向、推動、征服、外放、占領、銷售的行動；而女人則比較文靜、比較滋養，這也就是爲何女人比較長壽的原因。

而在越來越中性的年代裡，有些人可能混上一些異性的特質，但大多數女人都沒有，因此她的靈魂試煉就在這個生理世界；她的體型通常比男人矮小而嬌弱，所以，她必須在這個本質不甚安全的空間裡，發展出一個形而上、心理、知性的安全感。所以，女性的心靈探索是在處理她的感覺，特別是負面的部分，將其變爲正面而光輝。

過度思考是一種疾病，我稱之爲「過度思考生命」。當你過度用腦，或從事理性思考時，這讓你完全不能進入眞實的你。你是一種感覺，當你離開這個世界，你是以一種「感覺」的形式離去，你是一個靈魂的個體、一個感覺，而不是一個理性的概念。

呼喚你微妙的感覺，以它們的知識和能力來支持你，讓你的理智不至於主宰了你的生命。理智會讓你受困於醜惡的能量、私人的批評和判斷中，令你不滿。理智喜歡潑冷水，並爲自己感到可悲，如果你不好好控制它，它可是會讓你瘋掉的。

與其靠猜測過一輩子（這是理智做的事），不如一切憑感覺。如果你已經深入你的感覺，淨化它們、強化它們。讓生命得以控制，使情緒得以穩固，靜默的佇立在你的感覺中，這就是修行。別擔心那些排山倒海而來的問題，船到橋頭自然直。

從理智進到無限自我的歷程，牽涉到要讓理智暫停，你的冥想、修行、靜思和自省都是重要的部分，缺少這些修練，你很難教自我本位和理智閃一邊去，讓你感覺自己的靈性是如此美好、宏偉、充滿能量和能力。

想得太多是很嚴重的疾病，過分嚴肅也會造成可怕的慢性病症狀。

嚴肅是自我本位的觀念，由很多原因造成，其一是缺乏安全感，另一是自負，是一些渺小的人物，藉由嚴肅來虛張聲勢。有時候嚴肅是用來操控別人，或指使自認爲比自己低下的人。人嚴肅之後，就會有一大堆的批評，缺乏光輝、笑容和愛。

有時候，嚴肅是一種對人缺乏親切和度量的脾氣，可以說是理智的勢利。如果你太嚴肅了，何妨開懷大笑，陪小孩子們玩耍，穿上滑稽的衣服，做些開心的事，讓別人和自己開心，讓你的感覺當家，這樣一來，你的嚴肅感就會被你新發現的美好所取代。

步驟29

找到屬於自己的生活哲學

哲學修養眞的很簡單。你只要發展一套可行的思考模式，就能夠釋放自己，又不會產生負面的情緒和不安，更不會受外在因素的控制。因此，你可以拜讀所有的偉大著述，但重要的是，你決定採行的哲學一定要很簡單才行。

我永遠不會忘記，我第一次進到生死隧道的情景，在那裡，我看到了神力，那不是幻象或暈眩感，而是眞的「看見」。那能量的宏偉是難以用筆墨形容，精彩絕倫。那裡有愛、有同情，沒有任何一方面可以被量化，或體會這中間蘊含了多少的愛。

哲學修養的第二部分，是研讀心理學的基本原理，這是很重要的。

過得簡單就是最好

我不想給你脅迫感，讓你以為非得上大學聽課，辛苦的閱讀那些一輩子也念不完的沉悶論文。你可以買一些大眾心理學的書，因為只要一點小常識，你就可以了解到人類行為背後隱藏的原因。

如果你學會心智的運作模式，就能體會什麼情況是官能正常，怎樣算是官能失調；你也會理解，為什麼人是如此複雜而又經常生病；你會理解人類各式各樣的心理表現，譬如：情感轉移如何在人類的心裡運作。用一個最簡單的定義：當自我本位或個人性格覺得不舒服時，會將這種心理上的不適轉移給另一個人。因此，「歧視」正是急躁不安的自我本位所表現出來的現象之一。

經由淺顯的心理學研究，你會理解所有「動機」，怎麼讓人覺得性感，怎麼讓人官能失調且感到強制。我之所以建議大家研習心理學，是因為我從中受益良多，學習人是如何行動的。從表面上來看，人類是很複雜的，一但你深入表象，人再簡單不過了。

要做好個人修養，訣竅就在信仰越少越好，幾乎不要有什麼教條，並竭盡所能不要有任何規矩法條，除非是自我要求的自律。**最好的哲學是那種沒有負擔、有生氣、具變動性、可以改變、隨和而且很容易忘掉的哲學。**

步驟30

時時擁抱和平的心

精神修練的重點在於，要時時提醒自己是一個無限的靈魂，現在的你只不過是向神力借了一副軀體，來到了這個世界，經驗所有的事，並學習超脫。

修練的重要性就在「超脫」。

今天你該做什麼，幫助自己超越經驗的表象，並且藉由這場歷程更加了解自己、增加自己的智慧和能量。關於「精神修練」，其實只要你多注意「神力」。

在茫然混亂中也能靜下心來

我推薦一個練習，每當你有空閒安靜下來的時候，閉上眼睛，冥想神明的光芒照耀在你的額頭、心房，讓你全身都沐浴在這光輝中。持續五到十秒鐘，停一下，然後重新開始。

你會發現，藉由這個簡單的練習，你會把越來越多的無限神力，帶進你的生命中。

修行就是心中有道，擁抱微小的事物、柔性和寂靜，擁抱「陰」。

基本上，精神修練就是停留在神力的庇蔭之下，即使看不到，也要相信；不能以邏輯方式肯定時，也要理解；在周圍都不確定時，也能感到安全；在嘈雜的世界中，還能保持靜默；當大家都喊窮時，還能感到富足。待在靈性之中，如果你有所迷失，趕快回來，退一步海闊天空。組織一下，保持安靜，冥想，祈禱，洗個蒸氣浴，或是斷食，持續淨化自己，讓萬物和自己合而爲一。

步驟31

做個單純的自己

心靈探索，指的就是從自我本位進化到靈魂的神聖歷程。我相信在你決定追求無限自我時，有一股特別的內在能量會同時出現，你可以將其稱之為「引導之光」、「大天使」或是「直覺」。

那就像你在向上探求，決定要變得更多，於是有一股無形的力量灌注到你體內。我相信在你探索內在的過程，會加入一股來自外太空，非常古老、神聖、超越時空的能量，讓你有能力超脫。

在你冥想的同時，呼喚「心靈」給你力量，感到它進入你的生命裡，向你顯示一些事情。我非常敬重這個能力，它會形成一座橋樑，讓你從這個世界進入到內在世界，和無限自我的內在空間。

每個人在世上的最後一趟旅程，就是要達到他們內心深處，而不是自我本位。

「探索」是要你召喚生命中的神聖能量，要幫助你擺脫今世的情緒問題。

擺脫所有的標記，擁抱自己

當你進入精神修練的階段，你開始冥想、斷食，經過我們之前談過的三十個步驟，你開始削減自我本位的能力，而你眞正做到的，是讓個性的稜角消失，讓你的思緒更具彈性，讓你的情緒更快樂自在，擴大你的接受領域，解放你的身心。

如果在你的歷程中，發現你有病態的想法，並且覺得你好像快要死掉，或者快要崩潰了，你必須認知這一切都只是人生過程中的一部分，你之所以會有這樣的感覺，是因爲自我本位的世界正在融化，因爲自我本位感到被藐視和悲哀。

研討會中有人對我描述過，他們覺得自己有一部分正在消失，就像一塊浮冰，正在融解、破碎而後流失。每一個你消失的部分，都會讓你變得更輕盈、更具靈性，你的能量以及知覺都會成長。

在《改變之風》中，我曾提到耶穌受難的十字架，可以當作「自我本位」之死的悲痛象徵。

你必須把自己送走，才能再把自己找回來。在耶穌的故事裡，我們將祂視爲我們身體裡的光明，有著必須受死的「個性」和「自我本位」，並在三天後復活。

所以，耶穌在十字架上掛了三天，三天之後他復活了，接受並擁抱靈魂，就在那個時候，他成為基督，受聖靈感召而超脫。

你要進行的過程和這個也大致相同，你的能量會提昇，你會發現自己擁有光輝的個人能力，好像你可以對人施展魔法，他們會想跟隨你，奉你為神。但你還是得殺了自我本位，才能到達靜謐的時刻。

此時你與無限自我，以及你內在靈魂的「陰」一同遁世，當它從永恆寂靜的修養中醒來，回到屬於他的地方，你會飛升到另一個層次，且不會死，你還活在身體裡，存在亦不存在，人亦無人，超越痛苦與困惑，進入純樸的清明，對一般人英雄式的進化毫不感興趣。

「探索」要你接受這個歷程，其次要你了解到一旦決心進化，你要殺掉你的個性，但這並不表示從此你將毫無個性，沒有記憶，或不能做自己，而是你將抹煞掉個性在你心裡的主宰權，並開始以一個完全不同的眼光來看這個世界。

你會藉由知覺的光，在你日常生活中點亮，讓你看到世界進化的真實狀態，你會看到它美麗的一面，而不是它要讓自我本位看到的那個部分。這個過程將完全轉化你的態度、情緒、理智、心理和靈性，也會改變你的身體。你越具靈性，身體裡的細胞就會振盪得越快，也會越快治療並保養自己。

對我而言，生命的轉捩點，就在我開始放棄個人性格特質的時候。我的父親是英國人，母親來自西西里。當我還是二十多歲的年輕人時，我真的很「西西里」，住在倫敦郊區，牛仔褲的生意也做得不錯。那些年犯罪事件層出不窮，而我早已習慣周遭生活：蠻橫的地頭蛇、保鑣、女人，以及其他各式各樣的人。

有一天，我醒來了，思索著：「我在非洲出生，在英國受教育，我並不是西西里人啊！我姓史，而不是科萊歐尼。我幹嘛要這麼做？真是可笑。」

我就是這麼把西西里給丟掉了。在那個時代，我有一頂走到哪兒就戴到哪兒的黑帽子，我給它倒了一整瓶白蘭地，放一把火，燒了。這是我釋放我身上西西里的儀式。

我想「探索」就在你可以走出「我是愛爾蘭人、我是新教徒、我是女生、我老、我還年輕⋯⋯」的種種定義，你只是個靈魂，是永恆的，只是剛好裝在愛爾蘭新生兒的身體裡。

當你開始「探索」時，會有一股至高無上的力量，灌注到你的體內，讓你認識、接受並釋放自己，從而獲得心靈上的自由。

步驟32

你的「變」開始作用

「融會貫通」就是力量的整合。你身體散發出來的，是一般肉眼無法辨識到的能量，但它確實存在那兒。我比較喜歡用「微光」來形容，也有人稱之爲「奧妙的身體」，但不含任何因果關係在裡面，而是你身體裡流動的電磁能總和。在正常情況下，一般肉眼無法察覺到它，但你可以訓練自己，只要能運用你的「周邊知覺」，就能看到它。

幾千年來，我們已經失去大部分眼角的細胞，因爲我們不需要周邊知覺，讓我們在野地裡保持安全。你可以喚醒這些沉睡的細胞，讓它們變得有用，只要你不斷問自己：「我的左邊有什麼？我的右邊有什麼？」然後以不轉動你的眼睛試著去看，這可以使你眼角的視網膜開始運作。

你的眼睛中有兩種細胞，在你眼睛中心的稱爲視網膜錐，而另一種比視網膜錐更爲敏銳的，就叫做視網膜桿。

眼角餘光就是利用這些視網膜桿看到的。它們雖然是色盲，但還是具有光感，只要你練習，張開雙臂擁抱你的左右兩側，並將它們朝你的背後移動，注意它們在你視線中消失的時刻。經由你不斷側看來擴展你的視野，幾個月後，你的餘光就會重新啓動。

喚醒沉睡中的知覺

只要是人，四周都有「微光」從他的身上散發出來，反應他的情緒、思考模式以及生理能量，就像蒸氣一樣圍繞著他們。

但這又不像蒸氣，因爲微光移動得很快，像閃電一樣，左右不定的燃燒著能量。

當你回歸到你的心中，「微光」會整合，經由理智和情感修練、生理的控制，經由了解你自己是無限感覺，突然間，「微光」便有所界定。這會讓你遠離部落情緒，因爲你一個人的時候，你的能量並不會感受到，自己所在的是一個特定的地方，與其他人所處的世界完全不同，並且距離遙遠。

現在你和其他人的世界之間，有一道「微光」的鴻溝，「融會貫通」就是起因於那道鴻溝的存在。你內在的各種成分開始組合，而其他已界定好的也都水到渠成。

超越自我

現今，你的內在對話已經具有反叛性和負面性。因爲缺乏安全感，以及我們自童年以來所受的安排、所累積的經驗。

幾乎所有人都有負面的內在對話，因此當有人說：「我想在三個星期內，於豪華大酒店舉辦一場座談會。」

理智會告訴你：「這不好吧！你會得不償失，而且，你也沒有辦法付諸實行。」你雖感覺不錯，但你的自我本位拒絕。這可說是內在永恆的矛盾。

人生旅途中有一站叫做「融會貫通」，當你的「探索」超過一個關鍵性的速度，你已做好自修的工作，控制好你的情緒，歷經所有的低潮，完成發現自我的過程。經過多年來你對理智的訓練，突然間，有個細胞發生突變，你的內在對話會從負面轉爲正面。

就像你是一個磁場，從負極歸零，並突然轉成正極，就如同洪荒時代地球的磁性一樣。在「融會貫通」的同時，這種轉換也在進行著。屆時你會更具靈性，你絕大部分是靈魂，只有少部分的身體和一點個性，這就是「融會貫通」，此時你的內心會變成正面的對話。

你會一覺醒來考慮：「我三週內要舉辦一場研討會，我不確定這行不行得通，我也懷疑我是否找得到這麼多人，我甚至不知道這會不會花很多錢。」但你的內在對話會說：「好，就這麼辦。行得通的，投資下去。」就這樣，一切都船到橋頭自然直，成功的辦下去。

「融會貫通」是個偉大的時刻，那是當你感受到所有能力都已完全整合的時候，你可以昂首闊步的說：「我就是這樣，而且我接受這樣。」並且言出必行，它將永遠和你所有的感覺產生共鳴。你的身上不會有任何一部分反對你說：「不，你才不是那樣呢！」

「融會貫通」會讓你看到一般情形下看不到的廣闊世界，因此「融會貫通」是在「探索」完成後產生。在這之後，還會有另一股力量進入你的身體，而這能量是由「探索」和「融會貫通」混合迸發出不同的能量。

步驟33

未可名的境界

「得道」是難以理解的，因爲它已經超越心智、潛意識以及理智，超越我們所謂地球的演進，存在亦不存在。

試圖將其以文字描述是無益的，就像《道德經》的開宗明義章所言：「道可道，非常道。」但被定義的頓悟不是頓悟，可被描述的靈性也不是人性，你能定義的哲學，也不是完整的哲學，因爲說穿了，哲學是一種感覺和一種概念。

「得道」在人類的進化之外，超越並身處在另一個世界，而這個不可計數的空間，正滲透在我們所處的世界裡：我們所謂「人性」的生理經驗，是一個分子、一種思考模式，此外還有一種超越心智的能量。

心靈桃花園

人類擁有的三十三種能量，可以共同組合成一股單一而完整的能量。想像一下三十三條交互纏繞的線，當你將它們扭轉時，便可以得到一條繩子。

這三十三種能量是我們進化的一部分，它是個出口，也是進入進化的高速公路。

它們早在開天闢地時就已經存在，在時間結束後也依然存在，因爲它們是永恆的。

在我多年來的自修，並體驗本書所提的種種過程中，得知內心有一扇門爲我開啓，也才了解這其中發生了什麼事。

美妙的經驗

記得我在新墨西哥州的山頂上漫步，每年在一個叫做希巴布的地方，與我的朋友們見面，並在山頂上舉行座談會。

我正在山中小徑上與小狗散步，突然間，小狗變得很激動，僵直的站著。牠的耳朵豎了起來，朝路的對面堤防上的樹梢看去。我也抬頭看了一下，以為會看到什麼小動物，結果卻看到了神秘的美景。

在我右邊大約三十碼的距離，有一個幾何形狀紫色的東西，在頭頂處翱翔於天際，並以慢動作旋轉著。

當我說那是幾何形狀時，並不是我們一般所習慣的任何一種幾何圖形，既不是方形、三角形，也不是立體或長方形，但它具有幾何的比例。這聽來有些矛盾，我雖然看過幾何形狀，卻沒有辦法加以說明。就好比它是五度或多度空間的狀態，為了給我方便，硬是壓縮到三度空間。

我就這樣凝視著，被催眠了，看著那東西在旋轉，出奇的美麗。以一個奇特的方式運動著，既果斷又沉著，不失其莊重。在我看來它很聰明，知道自己在做什麼。

過了一陣子，我的狗看得心滿意足了，堤防上再也沒有什麼能引起牠的興趣，便跑開了，但我還是一直看著那在天空盤旋的幾何形狀。突然間，它越過了泥路，在我還沒察覺到它的動作時，就已經穿越我們之間三十碼的距離，瞬間來到我跟前。

它出現在我的頭頂高度，我面前三碼處。我並沒有真正看到它在兩個地點間移動，它好似突然出現在我跟前，繼續異常緩慢的行動，向我展示它的各種面貌。那個幾何形狀很複雜，卻也很美。我越注視它，看到的就越多；在形狀之內還有形狀，顏色之內還有顏色。

它有獨立的個性，有神性、有靈魂。那不是機械式的連環圖解，而是幾何形的活體，有著強大的靈性。而且有辦法把我的注意力，一直集中在它的善美之中。

它在那裡徘徊了一陣子，然後「給」了我一只「金色的光環」。但它並沒有真正的給我，只在近距離給我看。那光環直徑有八寸，而且有「暗示」，這一把鑰匙，用來開啓三年後我看到的一扇門。那光環在我上方約十八寸的地方翱翔。

在那之後，它又給了我一個奇怪的光環，一個也是幾何形狀的東西，如夢似幻，如同一個靜謐的祈禱或感謝。

它就在我的面前盤旋，三十秒後，那只環竟朝我左邊迸射而去，我看著它穿過堤防，穿越草原，穿越溪流，在小溪的彼岸翱翔，在空中停了大約八到十秒，然後就像爆破的肥皂泡泡一樣突然消失。原本還在那裡的，就這樣倏地不見了。

從這次的經驗中，我了解到心智之外，還有許多我們不懂的東西。而且在那之後，我又有八到十次類似的經驗，看到類似光環的教導或訊息。這一切均超出我的知識和理解範圍，然而，多年後，我將這些片斷拼湊組合起來，終於有所頓悟。

像我經歷的一樣，如果你朝著這三十三個步驟不斷邁進，你的心、你的知覺會引導你，心靈會指引你，「融會貫通」會讓你超脫。一旦你超越了這些，你不會消滅，也不會結束，因爲你依然存在。

國家圖書館出版品預行編目資料

我不是我：改變人生的 33 種覺醒 / 史都華著. --
初版. -- 新北市：華夏出版有限公司, 2024.03
面； 公分. --（Sunny 文庫；321）
ISBN 978-626-7296-58-5（平裝）
1.CST：成功法 2.CST：自我實現 3.CST：能量

177.2 112010782

Sunny 文庫 321
我不是我：改變人生的 33 種覺醒

著　作　史都華
出　版　華夏出版有限公司
220 新北市板橋區縣民大道 3 段 93 巷 30 弄 25 號 1 樓
電話：02-32343788　傳真：02-22234544
E-mail：pftwsdom@ms7.hinet.net
印　刷　百通科技股份有限公司
電話：02-86926066　傳真：02-86926016
總經銷　貿騰發賣股份有限公司
新北市 235 中和區立德街 136 號 6 樓
電話：02-82275988　傳真：02-82275989
網址：www.namode.com
版　次　2024 年 3 月初版一刷
特　價　新台幣 350 元（缺頁或破損的書，請寄回更換）

ISBN-13：978-626-7296-58-5